ESSAI

SUR

L'ANALOGIE DES LANGUES.

Douai, imprimerie de V. ADAM.

ESSAI

SUR

L'ANALOGIE DES LANGUES,

OUVRAGE

Destiné aux élèves qui suivent la classe de troisième
dans les colléges royaux et communaux , aux écoles
normales primaires, aux écoles primaires supérieures
et aux pensionnats des deux sexes ;

Par Amand HENNEQUIN ,

Membre de la Société de Paris pour l'Instruction élémentaire
et de la Société d'Émulation de Cambrai, fondateur de l'École
normale primaire et industrielle de la Meurthe , ancien Pro-
viseur du Collége Royal de Nancy , Inspecteur de l'Académie
de Douai.

PRIX : 3 fr. 50 centimes.

SE VEND

A Douai , chez M. Contrejean , Libraire , rue de la Cloris , 7.

— 1838 —

Les formalités exigées par la loi ayant été remplies, je déclare que je poursuivrai tout con-facteur.

A Monsieur

HENRY BOULAY

De la Meurthe,

Député de Lunéville, Colonel de la 11e Légion de la garde nationale de Paris, membre du Conseil-général de la Seine.

Hommage de sincère amitié, de vive reconnaissance et d'inaltérable dévouement,

Hennequin,

Inspecteur de l'Académie de Douai.

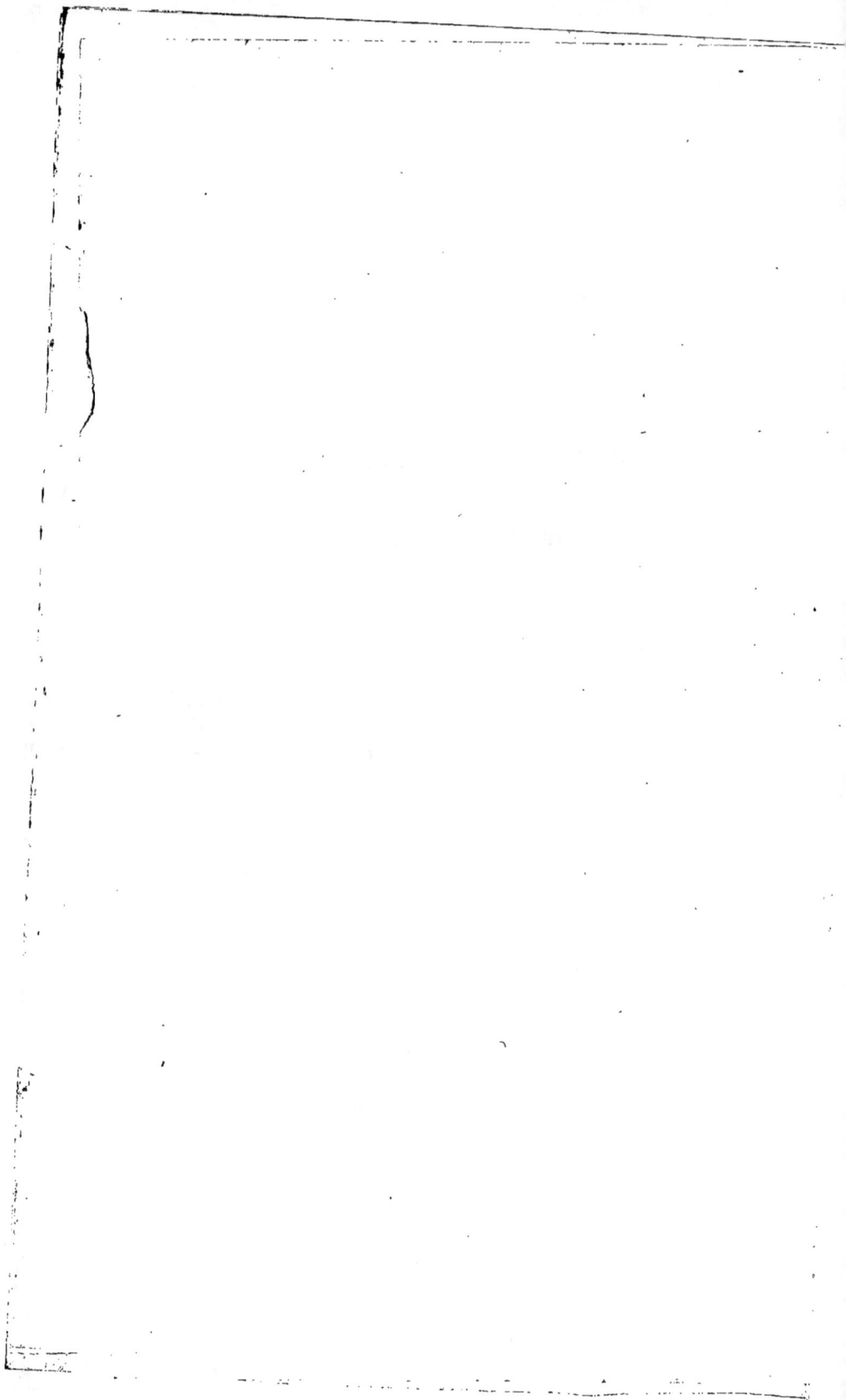

INTRODUCTION.

Dans nos colléges, à partir de la troisième, chaque classe doit avoir sa spécialité.

L'étude de l'âme, considérée dans sa nature, dans ses facultés, dans son action extérieure et sa destinée, est l'objet de la philosophie.

Par l'étude de ses préceptes, la rhétorique sert de guide et de règle au génie qui pourrait s'égarer sur la route de l'éloquence, dont le but est l'imitation de la nature morale, à l'aide des sentimens et des passions.

C'est dans la classe de seconde que le goût et l'imagination prennent leur essor; cette classe est le domaine de la poésie, si propre à élever l'âme, à lui inspirer de grands sentimens.

La connaissance de la grammaire générale qui nous découvre l'origine et les progrès du langage, et qui nous explique l'analogie des principes grammaticaux, est comme le prélude des trois genres d'études qui précèdent : c'est en troisième qu'elle doit être enseignée. Si, au sortir de cette classe, l'élève n'a pas une connaissance exacte des principes généraux du langage, il faut pour lui

1.

déscspérer du succès, parce qu'il va bâtir sur le sable l'édifice de l'imagination et du goût qu'il est appelé à élever dans les classes supérieures.

Nous destinons donc aux élèves de cette classe importante cet ouvrage élémentaire, ou plutôt ce résumé des doctrines des philosophes et des grammairiens les plus célèbres, dont nous n'avons fait que copier et coordonner les opinions.

Ce livre étant destiné aux maisons d'éducation des deux sexes, aux écoles normales primaires et aux écoles primaires supérieures, nous avons évité toutes citations grecques ou latines, voulant parler un langage intelligible pour tous.

Nous regardons l'étude des langues comme la source de toute instruction solide, et nous serons amplement dédommagés de toutes nos recherches, si nous contribuons à faire partager cette opinion à la jeunesse, dont lés intérêts nous seront toujours chers, et au milieu de laquelle nous avons déjà passé vingt-cinq années de notre vie.

ESSAI

SUR

L'ANALOGIE DES LANGUES.

CHAPITRE I.

L'HOMME EST UN ÊTRE PERFECTIBLE ET SOCIABLE.

Tous les êtres, dans leur organisation, annoncent un but déterminé d'avance.

Rien, dans la nature, n'est abandonné au hasard, mot vide de sens, inventé pour couvrir notre ignorance. Tout prouve invinciblement qu'une puissance infinie, une souveraine intelligence ont présidé à la création et à l'ordre du monde. Chaque objet, chaque être animé a reçu de Dieu une organisation qui concourt à l'harmonie générale de l'univers.

Les animaux ont l'instinct pour guide ; réduits à des appétits grossiers, avec ce guide sûr mais borné, ils peuvent atteindre leur but.

L'instinct est la voix de la nature ; voix puissante et toujours la même, qui enseigne à la brute, en quelques instans, tout ce qu'elle doit savoir et faire, sans qu'elle puisse jamais franchir les limites auxquelles se sont arrêtées les générations précédentes.

L'homme, dans son enfance, paraît également soumis à la voix de l'instinct ; mais peu à peu et à mesure que ses facultés intelligentes se développent, il s'affranchit de cette servitude indigne, et prend la raison pour guide.

La raison est ce don de Dieu, qui permet à l'homme d'étudier et de comprendre les relations qui existent entre les êtres. Cette étude, cette intelligence sont le but de l'humanité, c'est la pensée qui a présidé à la création de l'homme, c'est l'unique progrès digne de lui, c'est la véritable philosophie.

En recevant une destination si noble, si différente de celle qui est réservée à la brute, l'homme devait avoir en partage des moyens d'action proportionnés à la grandeur de sa mission.

Pour accomplir cette mission, il avait surtout besoin de la vie sociale : Dieu lui rendit cette vie nécessaire et facile en jetant dans son cœur l'amour de ses semblables, et à tant d'autres facultés si précieuses il ajouta le don de la parole. Ce don est la plus incontestable preuve de la sociabilité de l'homme.

En effet, le véritable état de la nature d'un être est celui où cet être développe ses facultés avec le plus de succès, où il satisfait ses besoins avec le plus de facilité. Or, quel usage l'homme ferait-il de la raison, de la parole surtout, comment satisferait-il les besoins de son cœur, s'il devait nécessairement vivre dans l'isolement, et n'entretenir aucuns rapports avec ses semblables ? Non-seulement la société est son état de nature , mais la société organisée , civilisée , progressive ; car , qui oserait dire qu'il a épuisé toutes ses facultés, et que son génie est arrivé à sa plus haute puissance, même dans la société la plus avancée?

Il faut donc , et une telle pensée serait un blasphême, ou déclarer que Dieu, dans ses œuvres, n'avait aucun but arrêté, ou reconnaître ce que nous crie notre conscience, que l'homme est formé à l'image de Dieu , qu'il se rapproche d'autant plus de son modèle , qn'il fait un plus noble usage de sa raison , en l'appliquant sans cesse à l'étude de la nature , et que , par conséquent , il est un être perfectible et sociable.

CHAPITRE II.

DES SIGNES DE NOS IDÉES.

Le geste. — Langage d'action.

Les signes, en général, sont les moyens que les hommes emploient pour se communiquer leurs idées.

Ces moyens sont naturels, lorsqu'ils nous sont indiqués par la nature même ; artificiels, quand ils dépendent d'une convention adoptée librement par une collection plus ou moins grande d'individus.

Les signes les plus ordinaires de nos idées sont le geste, la parole et l'écriture.

Trois moyens se sont donc successivement et naturellement présentés à l'homme, pour traduire sa pensée et entrer en communication avec ses semblables, les mouvemens de son corps, les organes de sa voix et l'imitation, par la peinture, des objets extérieurs dont il devait s'éloigner, et au souvenir desquels il attachait quelque prix.

Le geste est un mouvement du corps, fait dans l'intention d'exprimer une sensation, une idée, un sentiment.

La sensation est l'impression produite sur l'âme par les objets extérieurs, au moyen de nos organes.

Le mot *organe* désigne une partie extérieure du corps humain, façonnée et construite par la nature, pour recevoir de la part des objets extérieurs une sorte d'impression ou secousse, qui correspond toujours à la même sorte de sensation. Ainsi, les impressions faites sur l'œil excitent les sensations de couleur, et jamais les sensations de saveur.

Ces organes sont au nombre de cinq : la vue, l'ouïe, le toucher, l'odorat, le goût.

Deux de ces organes, la vue et l'ouïe, appartiennent surtout à l'homme moral, c'est-à-dire à l'homme appelé dans la société à remplir des devoirs et à exercer des droits. C'est par ces deux organes que nous arrivent les plus importantes impressions, tandis que les autres semblent plus particulièrement destinés à faire le service de l'homme physique, c'est-à-dire de l'homme soumis à des appétits et à des besoins matériels.

La langue philosophique fait usage de deux expressions qui, s'appliquant à chacun de nos organes, représentent fidèlement l'état de notre âme, soit qu'elle éprouve une sensation qu'elle n'est point maîtresse de repousser, soit qu'elle s'arrête, par un acte de sa volonté, sur l'objet de cette sensation, afin de l'examiner et d'en acquérir une connaissance exacte.

Ces deux expressions sont pour la vue, *voir* et *regarder*.

Pour l'ouïe, *entendre* et *écouter*.

Pour le toucher, *toucher* et *palper*.

Pour le goût, *goûter* et *savourer*.

Pour l'odorat, *sentir* et *flairer*.

Il est impossible de confondre jamais les deux états de l'âme désignés par l'une ou l'autre de ces expressions qui font assez comprendre que, dans le premier cas, l'âme est passive, puisqu'elle ne peut se soustraire à la sensation ; tandis qu'elle est active dans l'autre, puisqu'elle est libre de s'arrêter sur les objets de ses sensations.

L'idée est la représentation, dans l'esprit, d'un objet tel qu'il existe dans la nature.

Quand un objet extérieur a fait impression sur nos organes, et qu'à la suite de cette impression, l'âme a éprouvé une sensation, cette sensation est plus ou moins digne d'intérêt. Si la sensation excite l'intérêt, la curiosité de l'âme, celle-ci s'arrête sur l'objet, par le moyen de l'organe qui vient d'être mis en exercice ; elle l'examine avec attention, afin de saisir ses modifications et d'en avoir l'idée. Ainsi, nous arrivons avec une admirable promptitude à la connaissance des objets extérieurs, et cependant cette connaissance est précédée d'une sensation qui détermine l'intérêt de l'âme, lequel intérêt commande l'attention qui, à son tour, nous conduit à la véritable connaissance de ces objets.

Il ne faut donc pas confondre la sensation avec l'idée ; l'une est un *état* de l'âme, l'autre une *connaissance*.

Il ne faut pas non plus confondre l'idée avec la pensée. L'idée, comme nous l'avons déjà dit, est la représentation d'un objet tel qu'il existe : la pensée est une affirmation portée sur la convenance de deux idées.

Le sentiment est comme une sensation permanente. Dans la sensation, tout est rapide et passager ; dans le sentiment, tout est durable et solide. Ainsi, on doit dire : *La sensation de la chaleur*, mais le *sentiment de l'honneur, de la gloire*.

Le geste repose principalement dans l'expression et la vivacité du regard.

Il y a des gestes naturels et des gestes artificiels.

Les premiers appartiennent à tous les hommes : les autres, étant de pure convention, exigent une certaine étude, doivent avoir avec les gestes naturels et avec les objets qu'ils représentent, une certaine analogie, et surtout ne pas être énigmatiques.

Le geste est le langage le plus expressif et le plus animé; il parle aux yeux avec promptitude et énergie, jette dans l'âme de vives impressions, et suffit pour rendre toutes ses agitations. Le langage articulé serait souvent sans force et sans effet, si le geste ne venait lui prêter tout son charme. Les anciens étaient passionnés pour la pantomime, qui n'est que l'art de parler aux yeux, et de représenter toutes les scènes de la vie, sans recourir à la parole. Ce genre de spectacle n'est point entièrement abandonné de nos jours : il est la preuve de l'énergie du langage d'action, ainsi appelé, parce qu'il met les faits sous les yeux du spectateur.

Ce qui fait que certains gestes sont communs à tous les hommes, c'est qu'ils sont la suite nécessaire de la conformation de nos organes. On doit même dire que ces gestes, dont la nature a mis l'intelligence et l'usage à le disposition de tous, contiennent un langage universel, mais restreint aux choses les plus nécessaires à la vie.

Le langage des gestes naturels est donc très-borné, mais il nous met sur la voie des gestes artificiels, dont le domaine paraît être sans bornes, depuis surtout les efforts si constants et si heureux du grand homme qui, le premier, a essayé de rendre à toutes les jouissances de la vie les sourds-muets, dont l'éducation avait été si long-temps un problème. Le geste, maintenant substitué à la parole, parvient à décomposer les idées et les mots qui les représentent, dans leurs plus simples élémens, et, aidé de l'écriture, le sourd-muet acquiert sans peine toutes les connaissances nécessaires, pour entrer directement en communication avec les autres hommes.

Le baron Dégérando, dans son histoire comparée des systèmes de philosophie, rapporte qu'en 1822, il existait, dans l'institution royale des sourds-muets de Paris, une jeune fille sourde-muette, âgée de 27 ans qui, par le plus affreux malheur, était aussi devenue aveugle dans son enfance. Le sens unique qui restait à cette infortunée, pour communiquer avec les autres hommes et acquérir tous les genres de connaissances, le toucher, reçut en elle un si grand exercice, une éducation si bien dirigée, qu'elle possédait à peu près la même sphère d'idées que les simples sourds-muets, et qu'en particulier elle était loin d'être étrangère aux idées et aux affections morales. Elle apprenait son catéchisme et se disposait à faire sa première communion.

« Des observations semblables, ajoute M. Dégérando,
» confirment cette vérité essentielle, que le développe-
» ment de nos facultés et l'augmentation de nos idées,
» ne dépendent point de la perfection ou de l'imperfec-
» tion des organes des sens, mais que leur première con-
» dition, leur premier moyen, sont dans les commuui-
» cations sociales. »

Nous avons dit que les anciens étaient passionnés pour la pantomime : ils avaient soumis le geste à des règles invariables. Il fallait surtout que l'acteur pantomime et le danseur mimique sussent joindre à la vérité de l'expression, la grâce et la beauté.

« Les règles du geste, dit Quintilien, sont nées dans
» les temps héroïques; elles ont été approuvées des
» plus grands hommes de la Grèce et de Socrate même.
» Platon les a mises au rang des qualités, des vertus uti-

» les , et Chrysippe ne les a pas oubliées dans son livre
» de l'*Education des Enfans.* »

Aristote avait terminé sa poétique par plusieurs livres
qui traitaient de la mimique ; ces livres sont perdus.

Les Grecs avaient porté l'art du geste à une perfection
inouïe. Ils possedaient une musique , nommée *hypocri-*
tique : cette musique était susceptible de notation , et
les auteurs tragiques indiquaient entre leurs vers, au
moyen de notes, le geste que devait faire l'acteur, en
même temps que ces notes correspondaient à la musique qui l'accompagnait. Le peuple était tellement habi-
tué à cette musique et tellement difficile , que toute in-
fraction, commise par l'acteur, était aperçue et huée.
Voilà ce que les Grecs appelaient , *faire un sollécisme*
avec le bras.

Chez les latins, des maîtres, nommés *Lanistœ* , en-
seignaient aux gladiateurs l'art de tomber et de mourir
avec grâce. Talma, par son geste , autant que par ses
costumes, nous a souvent rappelé les mœurs antiques.
Il les avait profondément étudiées sur les monumens
qui prouvent jusqu'à quel point l'art du geste était ap-
précié dès la plus haute antiquité.

Candillac, après avoir dit que le langage qui s'adresse
aux yeux doit produire plus d'effet que celui qui frappe
seulement l'oreille, ajoute qu'il doit avoir surtout plus
de rapidité , parce qu'on paraît tout dire sans effort , et
que la pensée s'exprime tout à la fois et sans succession.
Cependant il reconnaît que cette rapidité même peut
être souvent une source d'équivoques et de méprises,
inconvénient que n'a pas le langage articulé, où sont distinctes toutes les idées qui forment les élémens de la
pensée.

Le langage d'action n'arrive à une aussi haute perfection qu'après beaucoup d'efforts et d'étude. On n'a pu, dans les premiers temps, connaître toutes les ressources de ce moyen de communication, et il n'a d'abord servi qu'à l'expression des premiers besoins. Toutefois l'invention ou plutôt l'usage de la parole, non moins naturel que celui des gestes, quoique n'arrivant, dans l'ordre logique, qu'en seconde ligne, ne fera jamais renoncer au langage d'action. Il ne dépendrait d'ailleurs pas de l'homme de renoncer au geste; il est entraîné par sa propre nature à revenir souvent à ce langage énergique. Aussi, quand ce moyen de communication ne fut plus le seul à sa disposition, il ne l'employa pas moins dans un grand nombre de circonstances; et le geste, puissant auxiliaire de la parole, ne cessa pas de prêter son énergie à la pensée, et de rendre le sentiment avec une vérité et une vivacité qui manquent souvent à la parole.

CHAPITRE III.

L'A PAROLE.

On appelle sons articulés une suite de sons divers, formés par le mouvement de la langue et des lèvres.

Il ne faut pas confondre les idées que représentent les mots *langage, langue.* Les cris inarticulés de l'enfant au berceau forment un langage qui lui est propre, de même que le seraient les cris d'un homme qui aurait grandi dans un état sauvage, sans communication avec ses semblables. La langue est plus que le langage dont elle est issue ; elle est l'emploi des sons et des articulations, soumis à certaines règles, pour exprimer non-seulement les besoins et les sensations, mais encore les pensées et les sentimens.

L'homme, borné d'abord à quelques besoins physiques, a commencé par donner un nom aux objets de la nature qui frappent, en même temps, l'oreille et les yeux, c'est-à-dire, qui sont dans un état bruyant et sonore. Il a trouvé en lui la puissance et le goût de l'imitation, sans que personne lui eût enseigné cette puissance ni révélé ce goût. Il en a profité pour composer les premiers mots de sa langue, et, la réflexion lui venant en aide, il a passé avec elle dés sons imitatifs aux sons purement variés, pour désigner les objets qui frappaient seulement ses yeux, sans faire impression

sur son oreille. Toujours par la force seule de cette réflexion, ces derniers sons l'ont conduit à l'invention de
nouveaux mots, pour peindre les objets purement intellectuels et moraux, et c'est ainsi qu'il a satisfait les
besoins de sa triple nature physique, intellectuelle et
morale.

L'homme physique, selon M. Maugras, est uniquement
considéré comme animal. A ce titre, il a besoin de se
nourrir, de se conserver et de subir la loi de l'instinct,
qui n'est qu'une impulsion irréfléchie, involontaire et
bornée.

Comme être intellectuel, l'homme a la faculté, le désir
et même le besoin de penser, d'observer et de s'instruire.

L'homme moral est celui qui a la volonté et le désir
de mériter, par ses discours et ses actions, l'amitié, la
reconnaissance et l'estime de ses semblables.

Ainsi, à *l'homme animal* la sensation et l'instinct.

A *l'homme intellectuel* la pensée, le raisonnement et
la parole.

A *l'homme moral,* la liberté, le devoir, la conscience
et la vertu.

Les sons simples ou combinés de la voix forment les
mots qui sont les signes de nos idées.

Le docteur Blair, après avoir dit que plus on réfléchit
sur les premiers essais du langage, sur les grands et
nombreux obstacles qui ont dû s'opposer à ses progrès,
plus on est surpris qu'il ait pu parvenir au point où nous
le voyons, ajoute :

« Les hommes vivaient errans et dispersés, ils ne con-
» naissaient d'autre société que celle de la famille; celle-
» là même était nécessairement très-imparfaite, puis-
» que, ne subsistant que du produit de leur chasse ou

» de leurs troupeaux , ils devaient tendre à s'isoler et à
» se séparer. Dans une telle situation, divisés entre eux ,
» se voyant rarement, comment pouvaient-ils choisir,
» d'un commun accord, une suite de sons ou de mots,
» pour en faire les signes de leurs pensées? En supposant
» qu'un petit nombre d'entre eux , rassemblés par le ha-
» sard ou la nécessité , eussent fait un tel accord, par
» quelle autorité les signes qu'ils auraient adoptés , se
» seraient-ils répandus parmi les autres tributs ou fa-
» milles, et seraient-ils enfin venus à former une langue
» commune? Il semblerait que pour qu'un langage put
» se fixer et s'étendre, il faudrait d'abord que les hom-
» mes fussent rassemblés en grand nombre. et que la
» société eut déjà fait des progrès considérables; mais,
» d'un autre côté, il semble que le langage était indis-
» pensablement nécessaire à la formation de la société ;
» car, par quel lien une multitude d'hommes aurait-elle
» pu être contenue dans cet état de rassemblement, ou
» dirigée vers un but commun, avant d'être en état de
» communiquer par la parole , et de se faire part de leurs
» besoins, et de leurs instructions? Il paraît donc éga-
» lement difficile d'expliquer comment la société a pu se
» former, avant l'établissement du langage ou comment
» le langage a pu naître avant que la société fut établie.
» Et, lorsque nous venons à considérer la singulière
» analogie qui règne dans la structure de toutes les lan-
» gues, cette logique profonde et subtile qui a présidé
» à leur formation; les difficultés s'accumulent et nous
» pressent tellement de toutes parts , qu'il semble y
» avoir d'assez bonnes raisons de rapporter l'origine
» du langage articulé à une instruction ou à une inspi-
» ration divine. »

Cette dernière opinion est aussi celle de Rousseau , de

M. de Bonald, de tous les pères de l'église, et d'un grand nombre de philosophes anciens et modernes. Plusieurs écrivains distingués soutiennent au contraire que la révélation d'une langue primitive n'exclut pas la possibilité d'une langue inventée ; mais tous admettent que la parole est indispensable à l'homme pour la satisfaction de ses besoins physiques, intellectuels et moraux, satisfaction qui ne peut être pleine et entière que dans la société pour laquelle nous avons été créés. Nous apportons ces besoins en naissant, aussi bien que nos facultés ; et il y a en nous des dispositions essentielles, impérieuses, tyranniques même, qui, avec le temps, et d'une manière insensible, nous subjuguent sans détruire notre volonté, et se développent de manière à guider notre conscience, justifiant ces belles paroles de Rousseau ; « Ce que Dieu a voulu que l'homme sut, il l'a » gravé au fond de son cœur, sans qu'il eut besoin de » l'apprendre d'un autre ! »

La parole n'est pas seulement nécessaire, indispensable à l'homme vivant en société ; on doit encore dire que, même dans l'isolement, il ne peut s'en passer. Comment en effet, s'il veut examiner les objets que la nature met en foule sous ses yeux, afin de les comparer et de saisir leurs rapports, comment, disons-nous, se passera-t-il de la parole? Quels classemens, quelles abstractions pourra-t il faire, quelles connaissances solides pourra-t-il acquérir? Dans l'isolement, le geste lui est inutile, puisqu'il ne s'adresse à personne, et l'écriture n'est que la traduction de la parole ; il lui faut donc cette dernière, pour mettre en jeu toutes ses facultés pour s'adresser avec fruit à soi-même, et se rapprocher sans cesse du but que sa conscience lui montre de loin. Répétons-donc que la parole atteste l'excellence de l'hom-

me et révèle évidemment la destinée qui l'attend. En
faisant de lui un être perfectible et sociable, l'auteur de
tout bien, a voulu qu'il pût, par la communication de la
pensée, instruire ses semblables et profiter de leur expérience ; il a voulu qu'il scrutât la nature et qu'il lui ar-
rachât ses secrets, sûr que plus il pénétrerait dans les
merveilles du monde, plus aussi son âme s'élèverait
vers son auteur avec admiration et respect ; tandis que la
brute, formée pour la terre et bornée à la terre, soumise aveuglément à la seule puissance de l'instinct, n'a
reçu aucune des qualités morales qui font de l'homme
un être de choix, destiné par la douceur des souvenirs
et le charme de l'espérance, à des plaisirs purs qui ne sont
que le prélude d'une vie plus douce et meilleure encore.

CHAPITRE IV.

L'ÉCRITURE.

Si la société primitive eut toujours été concentrée sur le même point, non-seulement la langue parlée eut fait peu de progrès, mais encore l'écriture eut été presque inutile. Destinée à entretenir des relations entre des hommes qui ne peuvent plus se voir ni s'entendre, cette ingénieuse découverte eut été sans but, le geste et la parole suffisant à l'expression de tous les sentimens et de tous les besoins, dans une société dont les membres pouvaient, chaque jour, se rapprocher et s'entretenir.

La nécessité où se trouvèrent les premiers hommes de se disperser, le désir bien naturel d'établir des relations entre la nouvelle et l'ancienne patrie, donnèrent à l'écriture, qu'on peut appeler *l'art de peindre la parole par des signes sensibles et de convention*, une grande utilité et un immense avantage. Plus les hommes se multiplièrent, plus on avança dans les découvertes utiles, dans la civilisation, plus aussi l'écriture devînt indispensable ; sans elle il fallait se borner au présent, et perdre les espérances de l'avenir en voyant s'échapper les souvenirs du passé.

L'écriture rappelle à l'esprit par des signes convenus

et présentés aux yeux, les idées qu'y réveillent ordinairement les sons articulés.

Ces signes sont de deux sortes : les uns n'ont aucun rapport avec les sons du langage ; ils expriment les idées mêmes et ont précédé les autres qui représentent les sons. Les premiers peuvent être compris de toutes les nations : on les appelle *quipos* chez les Péruviens, *tribunols* chez les Chinois, *hiéroglyphes* chez les Egyptiens. Ces signes, imaginés dans l'enfance des langues, expriment les mêmes idées pour tous les hommes, tandis que les caractères alphabétiques sont particuliers aux langues pour lesquelles ils ont été imaginés

On est généralement porté à admettre que la peinture a été la première écriture connue et mise en usage. Pour exprimer un arbre, on le rendait sensible aux yeux, et des signes fidèles venaient se grouper autour de l'objet représenté, pour ajouter à l'idée même de cet objet toutes les modifications qu'il pouvait recevoir.

C'est ainsi que par des dessins, grossiers d'abord, mais ensuite plus réguliers et plus délicats, les premiers hommes rappelaient une série d'événemens dont le souvenir devait être conservé ; et, aidés de la tradition qui se manifestait surtout par des chants que chacun se faisait une gloire d'apprendre, ils parvenaient à rendre un compte fidèle du passé, tout en respectant l'ordre historique et l'ordre chronologique.

Les Mexicains étaient tellement habiles dans l'art de rendre la pensée par la peinture, que les Espagnols, à leur arrivée dans le nouveau monde, ne revenaient pas de leur admiration pour les chefs-d'œuvre qui se multipliaient en ce genre sous leurs yeux. Le séjour de ces impitoyables vainqueurs en Amérique rendit impossibles tous progrès nouveaux. Insatiables, fanatiques et cruels, ils paralysèrent les heureuses dispositions de ce peuple ingénieux et loyal, et, sous le prétexte de lui apporter une religion meilleure et une civilisation nouvelle, ils ne firent de ce pays, si riche et si beau, qu'une vaste solitude où régnaient l'épouvante et la mort.

Les Mexicains faisaient, chaque jour, de nouveaux progrès, avant l'arrivée des Espagnols. Déjà ils commençaient à employer l'écriture symbolique, et ils arrivaient même aux hiéroglyphes. Une maison avec une marque particulière représentait une ville conquise; des têtes d'hommes ornées d'emblêmes, signifiaient les chefs des peuples.

La démarche des Scythes près de Darius prouve qu'ils étaient moins avancés que les Mexicains. Au lieu d'offrir à ce prince une souris, une grenouille, un oiseau, un javelot et une charrue, il est certain que s'ils avaient connu l'art du dessin, ils n'auraient apporté que des figures tracées sur quelque matière.

Les Péruviens avaient une écriture particulière : elle s'exécutait au moyen de cordes de diverses couleurs, combinées suivant les idées qu'il fallait exprimer, et dont les pères ne révélaient le secret à leurs enfans qu'au lit de la mort. Ils se servaient aussi, pour écrire, de nœuds de laine qu'on appelle *quipos*.

Les *tribunols* sont des caractères chinois, nommés aussi *clés*, au nombre de 214, qui offrent par les combinaisons dont ils sont susceptibles, le moyen d'exprimer toutes les idées possibles.

Au moyen de cette écriture, bien plus rapide que les hiéroglyphes, les Chinois correspondent avec toutes les provinces de leur vaste empire, quels que soient d'ailleurs les dialectes qui s'y parlent. Les tribunols chinois offrent le plus haut degré auquel ait atteint l'art d'exprimer les idées mêmes à l'aide de signes qui parlent aux yeux.

En général, on appelle *symbole* une figure ou une image qui sert à désigner quelque chose. Ainsi, le lion est le symbole de la valeur, et la girouette celui de l'inconstance. L'écriture symbolique succéda à la peinture, que l'on reconnut bientôt insuffisante, parce qu'elle ne pouvait guères représenter que des choses visibles. Alors on imagina un nouveau genre d'écriture plus exact, plus facile, plus en harmonie avec l'imagination des peuples orientaux. Elle consiste uniquement à représenter des choses morales par les images ou les propriétés des choses naturelles.

Cette écriture a bientôt conduit aux hiéroglyphes, figures qui contiennent un sens mystérieux, et que les Egyptiens employaient surtout dans les affaires de la religion et de la philosophie.

On distingue trois sortes d'hiéroglyphes : les plus simples représentent l'homme par un de ses membres ; un incendie, par une fumée qui s'élève ; un combat, par deux mains, l'une armée du glaive, l'autre avec un bouclier.

Dans la seconde espèce d'hiéroglyphes, un œil joint à un sceptre désigne un Roi, une épée, avec les deux précédens, un tyran sanguinaire ; le soleil et la lune rappèlent la suite des temps, et un œil dominant le tableau nous révèle la divinité.

La troisième espèce d'hiéroglyphes est employée à exprimer les idées métaphysiques les plus élevées, et toutes les abstractions de la philosophie. Voilà les hiéroglyphes qu'on ne peut interpréter qu'avec la plus grande difficulté, parce que les prêtres, voulant en faire un écriture toute mystérieuse, prirent à tâche d'expri-

mer la vérité par des signes de pure convention, et sans
aucun rapport avec les choses qu'ils voulaient rendre.

L'invention des hiéroglyphes remonte à l'antiquité la
plus reculée, et il ne faut pas croire que cette écriture
soit due uniquement aux Egyptiens. Ces caractères ont
été connus de tous les peuples de l'Orient; mais ils ont
été portés à un plus haut degré de perfection par les
Egyptiens. Beaucoup d'historiens attribuent aux prêtres
l'invention des hiéroglyphes : il est plus naturel de penser avec Warburton, auteur anglais, que la nécessité
seule leur a donné naissance, et qu'ensuite les prêtres
s'en sont emparés, pour conserver les secrets de la religion sous des figures énigmatiques.

L'Egypte est regardée à juste titre comme le berceau
de la civilisation et des arts; s'il était possible d'interpréter les hiéroglyphes qui couvrent ses monumens, on
ferait d'importantes découvertes pour l'étude de l'histoire. Jusqu'au 16.e siècle, on ne fit que peu d'efforts
pour saisir le sens de ces signes mystérieux; mais dès
cette époque qui commença la regénération intellectuelle
de l'Europe moderne, tous les nobles et précieux débris
de l'antiquité devinrent un objet d'intérêt et d'étude.
Les recherches les plus constantes et les plus sérieuses
furent faites pendant le 17e. siècle; le 18e. ne se laissa
pas décourager par le peu de succès qu'avaient obtenu les investigations précédentes. Il était réservé au
19e. de résoudre enfin cette importante question, et
l'honneur de cette découverte devait appartenir à notre
belle France, noble conquête achetée par elle au prix
du sang de ses guerriers, moissonnés dans les champs
de Memphis.

Au commencement du 19.e siècle, la question n'avait
pas fait un pas : une seule opinion paraissait bien établie,

celle de l'impossibilité de parvenir à cette connaissance des hiéroglyphes , si vainement et si laborieusement cherchée, pendant les trois siècles précédens.

Les données que l'antiquité nous avait conservées sur les écritures de l'Egypte, étaient bornées à un bien petit nombre, et d'une nature bien peu satisfaisante. Quelques lignes éparses dans les écrits d'Herodole , de Diodore de Sicile , de Plutarque et d'Eusèbe , la traduction des légendes d'un obélisque attribuée à Hermapion , le traité d'Horapollon , enfin un passage peu étendu et peu clair de Clément d'Alexandrie.

Le hasard fit découvrir le monument qui devait conduire enfin à la connaissance des écritures de l'ancienne Egypte. Pendant que les troupes françaises combattaient vaillamment en Egypte , sous les ordres du héros à qui la patrie dut si long-temps sa splendeur , et qui n'enviait pas moins les conquêtes des arts que les trophées de la victoire , une commission de savans , associés à l'expédition , explorait cette antique contrée dans l'intérêt de la science. Une division de l'armée occupait la ville de *Raschid*, que nous avons appelée Rosette, et employait des travailleurs à des ouvrages militaires. En creusant les fondations du fort St.-Julien , ils trouvèrent un gros bloc mutilé de Basalte noir , couvert des restes considérables de trois inscriptions en caractères différens. L'une , en langue et en lettres grecques, contenait un décret en l'honneur de Ptolémée Epiphane, et faisait connaître que ce même décret était reproduit dans les deux autres inscriptions en caractères égyptiens , de deux natures différentes : les *sacrés*, ou hiéroglyphiques, et les *enchoriaux*, c'est-à-dire du pays. Ce monument curieux tomba bientôt après au pouvoir des Anglais, par suite de la capitulation d'Alexandrie, et fut transporté à

Londres. Mais si les hasards de la guerre l'ont ravi à la France, du moins il n'a pas été perdu pour la science. Dessiné sur les lieux, il fut reproduit plus tard pour la gravure, et répandu parmi les savans dont il devait exercer la pénétration.

Quoique les inscriptions égyptiennes de la pierre de Rosette fussent tronquées par l'effet de la fracture qu'elle avait éprouvée, on comprit de suite combien ce monument polyglotte pouvait répandre de jour sur les écritures de l'antique Egypte, puisqu'il permettait de confronter des textes égyptiens avec une inscription grecque qui en offrait la traduction.

Toutes les fois qu'on tenta de déchiffrer les écritures égyptiennes, on regretta plus vivement le désastre de la bibliothèque d'Alexandrie, qui contenait plus de 200,000 volumes, parmi lesquels devaient se trouver de nombreux ouvrages capables d'éclairer les savans sur les monumens et l'histoire d'Egypte. Quand on se rappelle que cette bibliothèque des Ptolémées suffit pour chauffer, pendant six mois, les bains d'Alexandrie, on doit se faire une idée des richesses sans nombre qu'elle possédait, et on ne peut trop gémir sur le fanatisme du farouche Omar.

Le monument de Rosette, après avoir été livré à l'esprit de système, et torturé par une foule de savans, fut quelque temps abandonné; on finit par penser qu'il était aussi indéchiffrable que tous ceux qu'on avait vainement tenté d'étudier, et il tomba dans l'oubli.

Cependant un jeune savant s'élevait qui, préparé par d'excellentes études et guidé par une noble émulation et une rare sagacité, devait bientôt arriver à un résultat admirable. Champollion avait étudié avec ardeur la langue copte, dont l'idiôme et les livres rappellent parfaitement la langue des anciens égyptiens. Il avait compris combien la connaissance de cette langue pouvait lui être utile, pour découvrir le système graphique de cette antique nation, et il l'avait étudiée dans ce seul but. L'inutilité de tant de recherches, les vains efforts de tant de savans distingués, ne l'arrêtèrent point, et c'est à cette énergique persistence que nous sommes redevables du succès.

On avait cru jusqu'alors que l'écriture hiéroglyphique était exclusivement *idéographique*, et que chacun des signes exprimait à lui seul une idée. Le génie observateur et pénétrant de Champollion comprit que cette opinion devait admettre des cas exceptionnels, ne fut-ce que pour la manière de rendre les noms propres, qui n'offrent pas toujours une idée *exprimable*, et surtout les noms étrangers qui, hors de tout rapport avec la langue parlée, ne pouvaient être représentés par des signes de convention.

Pour suppléer à l'insuffisance, sous ce rapport, des signes idéaux, il fallait donc recourir à un système d'écriture analogue à celui dont faisaient usage les autres peuples ; il fallait, en un mot, des signes phonétiques, c'est-à-dire exprimant d'une manière quelconque les sons de la langue parlée. Partant de cette idée, Champollion en fit l'application aux inscriptions de la pierre de Rosette.

Le texte grec du décret présentait souvent le nom de Ptolémée, et plusieurs autres noms propres, étrangers à la langue de l'Egypte. On observait aussi, dans l'inscription hiéroglyphique, un groupe de signes répétés plusieurs fois, et contenus dans des encadremens elliptiques, auquel on a donné depuis le nom de *cartel* ou *cartouche*. Le groupe, par sa position relative dans le texte, comme par cette marque de distinction, parais-

sait répondre au nom de Ptolémée. Champollion sup
posa donc naturellement que les signes réunis dans cet
encadrement, exprimaient *phonétiquement* le nom de ce
prince, et cette conjecture faisait espérer que la décom-
position de ce groupe ferait retrouver quelques-uns des
élémens premiers de l'écriture alphabétique qu'il s'agis-
sait de reconnaître.

Effectivement, en procédant à l'analyse de ce groupe
hiéroglyphique, Champollion crut y reconnaître les lettres Π. T. O. A. M. H. et Σ. qui, réunies, forment le
mot ΠΤΟ∧ΜΗΣ, *Ptolmés*. Voilà donc déjà sept lettres
ou plutôt sept signes de l'alphabet *phonétique*, et cet
heureux succès faisait espérer de retrouver également
tous les autres.

Avant d'invoquer la certitude pour cette heureuse découverte, après un premier résultat aussi satisfaisant, il
fallait tenter une nouvelle épreuve, et voir si la détermination des signes composant le nom qu'il croyait être
Ptolémée, pouvait s'appliquer d'une manière aussi heureuse à quelque autre groupe hiéroglyphique, supposé
l'expression d'un autre nom, et dans lequel quelques-uns
de ces mêmes signes entreraient comme élémens. Un
obélisque, découvert dans l'île de Philæ, et transporté à
Londres, faisait remarquer dans sa légende hiéroglyphique, deux groupes de signes renfermés dans des car-
touches, dont le premier devenait inutile en ce qu'il
offrait encore la répétition du nom de Ptolémée; mais
le groupe suivant paraissait devoir appartenir à une prin-
cesse, qu'on supposait porter le nom de Cléopâtre. Cette
conjecture était convertie en certitude par le témoignage
d'un autre monument, du socle qui avait primitivement
supporté l'obélisque, et sur lequel on lisait une inscription en langue grecque; elle contient une supplique

des prêtres d'Isis à Philæ, adressée au roi Ptolémée, à la reine Cléopatre, sa sœur, à la reine Cléopatre, sa femme, pour se plaindre des vexations de quelques magistrats. Le nom de Cléopatre ayant plusieurs sons communs avec celui de Ptolémée, déjà analysé, pouvait permettre un rapprochement comparatif des signes hiéroglyphiques dont il offre la répétition, et qui devaient y remplir, comme lettres de l'alphabet, les mêmes fonctions qui leur avaient été précédemment attribuées.

D'après le même procédé, Champollion épela le groupe du second cartouche qu'offrait l'inscription de l'obélisque, et il reconnut les signes équivalens aux lettres K.Λ.E.O.Π.A.T.P.A., qui composent en effet le nom KΛEOΠATPA (Cléopatra). Cinq de ces lettres étaient déjà connues, et trois nouveaux caractères venaient d'être découverts ; Champollion avait donc à sa disposition dix signes alphabétiques, sept consonnes et trois voyelles.

Encouragé par ces succès, il poursuivit avec plus d'ardeur que jamais ses investigations, et à force de recherches et d'épreuves sérieuses, il publia un tableau alphabétique où il ne manquait plus que les signes correspondant aux cinq lettres grecques Z. Ω. Υ. Ψ. Il a retrouvé depuis les hiéroglyphes qui rendent ces sons, autant qu'ils sont en rapport avec les inflexions de la langue copte.

Selon ce savant, aussi distingué que modeste, l'*A* est indiqué ordinairement par un épervier regardant l'Orient, par un second épervier qui regarde l'Occident, un moineau, une caille ou un rossignol, une huppe, un cygne ou une cigogne, un renard, une hirondelle, un coutelas, un œil ouvert, un bras tendu ayant la main ouverte. Le *B* est représenté par une lampe allumée ; une seconde lampe d'une autre forme ; une jambe tournée vers l'Occident, une autre jambe tournée du côté de l'Orient et un belier. L'explication donnée par Champollion est à peu près la même pour les autres lettres.

Cette première publication, faite en 1822, donna l'éveil au monde savant, et ranima des espérance depuis long-temps éteintes.

Heureux de si grands résultats, toujours infatigable dans ses recherches, et soutenu par les plus légitimes espérances, Champollion se livra tout entier à l'examen approfondi et comparatif des textes hiéroglyphiques. Les inscriptions des temples, des obélisques, des cercueils des momies, des stéles, des scarabées, des papyrus, en un mot, des monumens égyptiens de tous les genres, lui fournirent des faits nombreux à l'appui de ses importantes découvertes ; et, en 1824, il couronna son œuvre par la publication d'un ouvrage curieux et entièrement neuf, intitulé, *précis du système hiéroglyphique*. Nous recommandons à la jeunesse la lecture de cet ouvrage, devenu classique pour les études égyptiennes qui peuvent avoir de si vastes résultats pour l'histoire, les arts et la religion. Nous recommandons, aux mêmes titres, l'*essai sur le système hiéroglyphique appliqué à la critique sacrée*, par l'abbé Greppo, œuvre aussi importante sous le rapport de la science profane que sous celui de la science sacrée.

Les Egyptiens avaient trois sortes d'écritures bien distinctes, et réservées à des usages différens : l'écriture *vulgaire*, que Saint-Clément appelle *épistolographique*, l'inscription de Rosette *enchoriale* ou *du pays*, Hérodote et Diodore *démotique* ; l'écriture des hiérogrammates, ou sacerdotale, appelée *hératique;* et enfin l'écriture hiéroglyphique, que les auteurs de l'antiquité profane paraissent avoir réunie avec l'*hiératique*, sous la dénomination commune de *sacrée*.

L'écriture hiéroglyphique procédait de trois manières différentes : d'une manière *phonétique*, d'une manière *symbolique* ou *idéographique* de deux genres, ou par l'*imitation* au propre, ce qui constitue les signes figuratifs, ou par *tropes* et par *énigmes*, procédé que Champollion appelle *symbolique*.

Voici un tableau synoptique, emprunté à M. Letronne, et qui fera connaître avec précision la liaison de ces diverses branches des systèmes graphiques égyptiens :

Ecriture egyptienne divisée par Hérodote, Diodore, l'inscription de Rosette en deux genres de caractères, savoir : les

Vulgaires dits
{
Démotiques, par **Hérodote** et **Diodore**.
Enchoriaux, par l'inscription de **Rosette**.
Epistolographiques, par **Clément d'Alexandrie**.
}

Sacrés devisés par **Clément d'Alexandrie** en
{
Hiératiques, ou sacerdotaux.
hieroglyphiques composés des
{
Phonétiques, se rapportant aux seize lettres primitives de l'alphabet.
Symboliques comprenant les
{
Cyriologiques par imitation
tropiques, ou figurés
énigmatiques.
}
}
}

C'est Champollion qui a reconnu le premier l'existence d'un ordre de signes hiéroglyphiques exprimant des sons, et il leur a donné le nom de phonétiques. Comme nous l'avons dit plus haut, il les retrouva, dès le principe de sa découverte, employés à la transcription des noms étrangers, et même des dieux, des monarques et des particuliers de l'Egypte.

Quant aux signes idéographiques, appelés aussi symboliques, voici les propres paroles de Saint-Clément d'Alexandrie sur leur usage : « La méthode symbolique
» se subdivise en plusieurs signes : l'une représente les
» objets par *imitation*, l'autre d'une manière *tropique*,
» la troisième se sert entièrement d'allégories, expri-
» mées par certaines *énigmes*. Ainsi, d'après ce mode, les
» Egyptiens veulent-ils écrire le *soleil*, ils font *un cercle*;
» la *lune*, ils tracent la figure d'*un croissant*. Dans la mé-
» thode tropique, changeant et détournant le sens des
» objets, par voie d'analogie, ils les expriment, soit en
» modifiant leur image, soit en lui faisant subir divers
» genres de transformations. C'est ainsi qu'ils emploient
» les *anaglyphes*, quand ils veulent transmettre les lou-
» anges des rois sous les formes de mythes religieux.
» Voici un exemple de la troisième espèce d'écriture
» hiéroglyphique, qui emploie des allusions énigmati-
» ques : les Egyptiens figurent les autres astres par des
» *serpens*, à cause de l'obliquité de leur course; mais le
» soleil est figuré par un *scarabée*. »

Par là nature des signes qu'elle emploie, l'écriture *hiéroglyphique* est une sorte de peinture, et présente un aspect varié et pittoresque qui la distingue essentielle-ment de toute autre méthode graphique. Les caractères hiéroglyphiques offrent en effet les images de tous les objets matériels que renferme la création. On y retrouve même les images fidèles de tous les produits des arts. Les savans ne s'accordent pas sur le nombre des signes hiéro-glyphiques : Champollion les porte à un peu moins de neuf cents ; mais il sera impossible de bien se fixer à cet égard, tant qu'on ne connaîtra pas la valeur du plus grand nombre de ces signes.

Les signes hiéroglyphiques sont toujours exécutés avec une grande pureté de dessin, et ils sont une preuve nouvelle de ce que nous avons dit, en parlant de l'écri-ture primitive, ou de la peinture. On pense générale-ment que cette peinture, après avoir été purement imi-tative, est devenue symbolique et enfin phonétique, opinion qui peut mettre sur la trace de l'invention de l'écriture alphabétique.

Quelquefois les hiéroglyphes offrent une fidélité minu-tieuse dans les plus petits détails, surtout quand ils ont des proportions d'une certaine grandeur. Ce genre a tout le mérite de la sculpture, et l'éclat des couleurs vient en-core ajouter à la richesse et à la vérité de l'imitation. Ces sortes d'hiéroglyphes sont ordinairement exécutés en bas-reliefs, ou dans un creux.

D'autre hiéroglyphes ne sont souvent que les silhouet-tes des objets qu'ils représentent ; ils en retracent tous les contours extérieurs ; mais l'intérieur, évidé entièrement pour être rempli quelquefois d'un mastic ou d'un émail colorié, ne peut admettre aucun détail. Les caractères de la pierre de Rosette sont de ce genre.

Enfin, dans les manuscrits, les légendes peintes sur les caisses des momies et celles de quelques monumens d'une faible importance, les caractères n'offrent qu'une simple esquisse, un croquis fort abrégé des objets indi-qués, plutôt que dessinés, par un petit nombre de traits.

Les hiéroglyphes, dans le premier cas, se nomment

Il existe donc une langue *mère*, de laquelle découlent toutes les autres, comme autant d'idiômes qui, avec le temps et les progrès de la civilisation, se sont tellement écartés de la source qu'on ne reconnait plus guères entre elles que le type primitif d'une commune origine.

La plupart des langues parlées en Europe aujourd'hui, n'ont que quelques siècles d'existence ; elles se sont modifiées, renouvelées, comme toutes les autres institutions sociales, suivant les progrès de la civilisation, surtout aux époques où les arts et les sciences furent en honneur, et où les sociétés se reposèrent dans le sein de l'aisance et de la liberté.

On partage ordinairement en cinq classes toutes les langues aujourd'hui connues :

LANGUES ASIATIQUES.

SUBDIVISÉES EN NEUF FAMILLES.

1re famille *Sémitique*. — 2e famille *Caucasienne*. — 3e famille *Persanne*. — 4e famille *Indienne*. — 5e famille *Transgangétique*. — 6e famille *Chinoise*. — 7e famille *Japonaise*. — 8e famille *Tartare*. — 9e famille *Sibérienne*.

LANGUES EUROPÉENNES.

SUBDIVISÉES EN SIX FAMILLES.

1re famille *Basque* ou *Ibérienne*. — 2e famille *Celtique*. — 3e famille *Traco-pelasgique* ou *Gréco-latine*. — 4e famille *Germanique*. — 5e famille *Sclave*. — 6e famille *Ouralienne*.

LANGUES AFRICAINES.

SUBDIVISÉES EN CINQ FAMILLES.

1re Langues de la région du Nil. — 2e Langues de la

famille Atlantique. —3e Langues de la Nigritie. — 4e
Langues de l'Afrique australe. — 5e Langues de la Nigritie intérieure.

LANGUES AMÉRICAINES.
SUBDIVISÉES EN ONZE FAMILLES.

1re Langues de la région australe de l'Amérique méridionale. — 2e Langues de la région Péruvienne — 3e
Langues de la région Guarani-brésilienne.— 4e Langues
de la région Orenoco-Amazone. — 5e Langues de la région de Guatemala. —6e Langues du plateau du Mexi-
que. —7e Langues du plateau central de l'Amérique du
nord. —8e Langues de la région Missouri-Colombienne.
— 9e Langues de la région Alléghanique et des Lacs.
— 10e Langues de la côte occidentale de l'Amérique du
nord. — 11e Langues de la région boréale de l'Amérique
du nord.

LANGUES OCÉANIENNES.
SUBDIVISÉES EN DEUX FAMILLES.

1re Langues *Malaises*. — 2e Langues des peuples
Océaniens.

M. Balbi, dans son atlas, adopte les divisions que
nous venons de présenter, et désigne sous le nom de
souche ou *famille* un groupe de langues qui offrent entre
elles une grande analogie, et sous le nom de *dialecte* les
manières différentes de prononcer une langue.

Les variantes, établies par les dialectes, consistent
d'abord en prononciations différentes, puis en construc-
tions diverses, souvent aussi en mots qui n'ont entre eux
aucune ressemblance, aucune analogie.

On évalue à 2000 le nombre des langues qui viennent
se rattacher à l'une ou à l'autre des divisions établies

plus haut , et à 5000 le nombre des dialectes. Dans ce
nombre prodigieux d'idiômes, 153 appartiennent à l'Asie,
53 à l'Europe , 115 à l'Afrique , 117 à l'Océanie, et 422
à l'Amérique.

La révélation d'une langue n'est pas une vérité difficile
à admettre. Dieu , par un acte de sa toute puissance ,
a très-bien pu faire cette révélation , et les écritures
saintes prouvent inconstestablement qu'il l'a faite.

L'idée de Dieu entraîne les idées de sagesse et de puissance infinies; ces dernières entraînent la nécessité d'une
langue révélée. Cette révélation ne serait pas prouvée
par l'histoire , qu'elle le serait par la raison. On ne peut
concevoir Dieu que comme créateur; dès que Dieu est
créateur , il faut admettre que les premiers hommes ont
reçu de lui une langue toute faite; car nos premiers parens n'ont pas été créés dans un état d'enfance et de faiblesse , et ils ont dû immédiatement recourir à la parole , pour exprimer leurs besoins et leurs désirs. Il y a
donc une langue primitive et révélée.

Mais nous croyons que l'homme , privé de cette lumière , pourrait inventer une langue par le simple
exercice des facultés qu'il tient de Dieu même. La possibilité et l'usage des sons articulés n'ont pas besoin
d'être enseignés à l'homme ; cela vient naturellement
dans la vie sociale, comme le développement de la raison
et de l'intelligence. L'homme s'essaie, sans effort , à re-
produire d'abord les sons qui frappent son oreille , et il
ne tarde pas à s'appercevoir qu'il a en soi le pouvoir de varier les sons presqu'à l'infini. Cela découvert , le besoin
et l'intelligence font le reste. Plusieurs philosophes , et
Voltaire était du nombre , pensent que des enfants qui
n'auraient jamais entendu parler, se contenteraient de
crier , mais qu'ils ne sauraient jamais rien dire , parce

qu'ils ne sont que des imitateurs. Cela est vrai, si on
prétend qu'ils aient à parler une langue déjà faite, soumise à des règles invariables, par cette raison que les
mots de cette langue sont de pure convention ; mais c'est
une grande erreur de croire que ces enfants ne pous-
seront que des cris. Bientôt ils inventeraient un langage à eux, qui s'étendrait et se développerait en raison
de la quantité de leurs idées, de leurs notions, de leurs
besoins. C'est ainsi, et pas autrement, que toutes les
langues se forment dans les premiers rudiments des sociétés humaines, et ce n'est que plus tard, par l'étendue de leurs connaissances et la multiplicité de leurs
besoins, que les peuples enrichissent et perfectionnent
leurs langues. Ainsi, la nature donne l'instinct de la
parole, et, dans toutes les langues, les sons n'ont qu'une
valeur conventionnelle.

Ceci est encore un grand bienfait de la Providence
qui assurément n'a pas placé nos premiers parens sur la
terre, sans mettre immédiatement à leur disposition une
langue dont la richesse et la variété étaient proportion-
nées à leurs besoins; mais qui a voulu aussi que, dans le
cas où quelques hommes seraient privés, dans leur enfance, de tous rapports avec leurs semblables, ils pussent
sans peine se créer un moyen de communication par le
langage des sons. Ainsi l'usage de la parole ne peut pas
plus se perdre dans la société que les traditions des idées
morales dont Dieu a déposé le germe dans le cœur de
l'homme, et qui se développent avec l'intelligence pour
nous servir de phares sur la route épineuse de la vie.
Ceux qui n'admettent pas que l'homme puisse inventer
le langage des sons articulés, pensent que Dieu en le lui
révélant, lui a imposé l'obligation de le transmettre aux
générations suivantes, et qu'il ne nous serait pas plus
possible d'interrompre la perpétuité du langage que le
cours des corps célestes.

« La possibilité de l'institution du langage , dit M.
» Dégérando , que nous aimons tant à citer , et dont la
» parole doit faire autorité, est aujourd'hui un théorème
» rigoureusement démontré. Trois opérations sont né-
» cessaires , mais trois opérations suffisent , pour que
» deux hommes réunis instituent une langue quelconque
» qui leur serve à se communiquer leurs idées. 1º Il faut
» que chacun comprenne le motif qu'à eu l'autre, lors-
» qu'il a employé un signe. 2º Il faut que chacun s'ap-
» perçoive ensuite qu'il a été compris. 3º Il faut qu'il
» agisse avec l'intention de se faire comprendre. Non-
» seulement ces trois opérations successives sont possi-
» bles , mais elles ont lieu, chaque jour, sous nos yeux.
» Nous les discernons d'une manière sensible chez les
» sourds-muets de naissance et chez tous les enfants qui
» ne pourraient être initiés à la langue maternelle , s'ils
» n'exécutaient ces opérations , sans toutefois s'en ren-
» dre compte ; car , pour apprendre un langage déjà
» institué , un individu qui serait privé de toute langue ,
» a besoin des mêmes combinaisons que celles qui ser-
» vent à établir les bases quelconques, c'est-à-dire , il a
» besoin d'arriver à cette première convention, à ce pre-
» mier commerce des esprits qui fait attacher une valeur
» commune à un signe quelconque. Il y a seulement cette
» différence que l'enfant , que l'individu qui trouve un
» langage institué , ne sont plus appelés à choisir , à
» créer un système de signes ; qu'une fois mis en rapport
» avec les personnes qui jouissent de nos langues systé-
» matiques , ils parcourent avec une grande rapidité ,
» avec une extrême facilité , tous les degrés supérieurs
» de l'échelle , et qu'ils obtiennent ainsi , dans un petit
» nombre d'années, la jouissance d'un instrument dont
» la confection a exigé des siècles. Pour enseigner à son

» enfant le nom d'un objet, la mère lui montre cet objet
» du doigt ; voilà la convention : avec le secours d'une
» convention semblable , on instituera tel langage que
» l'on voudra. Mais comment l'enfant comprend-il l'in-
» tention que la mère a eue en lui désignant cet objet ?
» Voilà ce que la parole , ce qu'aucune langue ne lui
» enseigne , ce qu'il doit trouver en lui-même , ce qui
» renferme la solution du problême.

 » Au reste , ajoute le savant écrivain , de ce que le
» langage peut être institué , il ne s'en suit point qu'il
» n'y ait pas eu une première langue donnée à l'homme,
» et non instituée. Ceci est une question indépendante
» de la première , et qui se rattache à celle de savoir
» dans quel état l'homme primitif a été placé sur la
» terre. »

Les peuples de l'antiquité se sont souvent disputé
l'honneur de parler la langue primitive , ce qui fait pré-
sumer qu'ils croyaient que toutes les langues dérivaient
d'une seule. Les Phéniciens , les Arabes , les Chaldéens
et les Hébreux ont tous revendiqué cette gloire , et on
rapporte une expérience , tentée par un roi d'Égypte ,
qui prouve combien , dans ces temps si reculés, la bonne
logique , ou plutôt la simple raison avait peu d'empire
sur les esprits.

 « Psamméticus , dit Hérodote , voulant connaître la
» langue mère, fit remettre deux enfans nouveaux-nés,
» pris au hasard , entre les mains d'un berger , chargé
» de les élever au milieu de ses troupeaux royaux, avec
» l'injonction de ne jamais proférer devant eux une seule
» parole , et de les laisser constamment seuls dans une
» habitation séparée. Ce berger devait leur amener des
» chèvres , à de certains intervalles , les faire téter et
» ne plus s'en occuper ensuite. Psamméticus , en pres-

» crivant ces diverses précautions, se proposait de con-
» naître , lorsque le temps des vagissemens du premier
» âge serait passé , dans quel langage ces enfans com-
» menceraient à s'exprimer. Les choses s'étant exécutées
» comme il l'avait ordonné , il arriva qu'après deux ans
» écoulés, au moment où le berger, qui s'était conformé
» aux instructions qu'il avait reçues, ouvrait la porte et
» se préparait à entrer , les deux enfans tendirent les
» mains vers lui et se mirent à crier *békos*. Le berger ne
» fit d'abord pas beaucoup d'attention ; mais en réité-
» rant ses visites et ses observations , il remarqua que
» les enfans répétaient toujours le même mot. Il en ins-
» truisit le roi qui ordonna de les amener en sa pré-
» sence. Psamméticus ayant ouï de leur bouche le mot
» *békos* , fit rechercher si cette expression avait un sens
» dans la langue de quelque peuple. Il apprit que les
» Phrygiens s'en servaient pour dire du *pain*. Les Egyp-
» tiens , après avoir pesé les conséquences de cette
» expérience , consentirent à regarder les Phrygiens
» comme d'une race plus ancienne qu'eux. »

Les Egyptiens ont voulu connaître si l'homme avait une langue naturelle, c'est-à-dire, s'il parlait une langue avant d'avoir eu aucun maître et d'avoir fait aucune convention : ils pensaient donc que l'homme pouvait parler par instinct, comme il boit et mange par instinct. D'après cette opinion , tous les sauvages , tous les individus éga-rés dans les forêts , devraient parler la même langue; car l'instinct est invariable et exerce partout la même influence.

Disons d'abord qu'il est bien probable que les enfans n'ont point prononcé le mot *békos*, mais seulement *bek*. Hérodote à ce dernier mot aura, par goût et par entraî-nement , ajouté une finale harmonieuse et habituelle à

la langue grecque. Hé bien , les enfans n'ont prononcé
ce mot que par imitation du cri qu'ils entendaient répéter , chaque jour , par les deux chèvres. Nous avons
assez parlé déjà de l'imitation dans les sons, pour laisser
penser que ce mot *bek* a été bien naturellement prononcé,
non seulement comme une simple *onomatopée*, mais encore comme indice de besoins et de désirs.

Le hasard ayant voulu que la consonne *bek* signifiât du
pain chez les Phrygiens, on en tira cette conclusion que
la langue de ces derniers était plus ancienne que celle
des Egyptiens , sans remarquer que s'il y avait une langue instinctive , ce serait seulement pour désigner les
objets naturels , tandis que rien n'est plus artificiel que
le pain , véritable objet d'art, auquel on arrive par des
opérations très-compliquées, et probablement inconnues
dans un grand nombre de contrées. Après cela, ne sommes nous pas autorisés à croire que les savans de l'Egypte
qui ont conseillé au roi une pareille expérience , ou
étaient bien aveuglés par les préjugés , ou n'étaient que
de grands enfans.

Les nations modernes n'ont pas élevé de moindres prétentions sur l'antiquité de leurs langues : les Suédois ,
les Hongrois, nos Bretons français et bien d'autres peuples se sont disputé l'honneur de parler la langue primitive. Il n'est pas jusqu'aux Basques, qui n'aient revendiqué
cette primauté. A cet égard une discussion curieuse s'éleva, il y a environ deux siècles, au sein du chapître métropolitain de Pampelune, et voici la décision qui intervint, décision consignée dans les registres des délibérations
du chapître. *La langue basque est-elle la langue primitive?*
Les doctes membres avouent que , malgré la fermeté de
leur conviction à ce sujet , ils n'osent cependant se prononcer pour l'affirmative. *La langue basque était-elle la*

seule parlée par Adam et Eve dans le paradis terrestre ?
A cet égard , le chapître confesse qu'il n'existe aucun
doute dans les esprits , et déclare qu'il est impossible
d'élever sur ce point aucune contestation sérieuse ni
même raisonnable.

Salvador , dans ses institutions de Moïse , tache de
prouver que la langue hébraïque a le droit de revendiquer
une des premières places dans les langues anciennes.
Comme toutes les langues, dans leur enfance, elle donne
surtout aux choses des noms fondés sur quelques-unes
de leurs qualités , et elle établit des homonymes, en raison d'un point d'analogie entre ces choses. Ainsi le mot
Adam signifie à la fois homme et terre , parce que sans
doute l'homme est composé de terre. Le mot *nakhal* signifie héritage et torrent , parce qu'au figuré un héritage passe du père au fils comme un torrent qui coule
d'un lieu plus haut vers un lieu plus bas. Une autre propriété plus singulière de la plupart des racines est de
réaliser ce dicton : *les extrêmes se touchent* : elles expriment des choses opposées. Ainsi, les mêmes racines donnent les mots *prière* et *blasphême* , *saint* et *impie*.

Cette langue , soit qu'on la regarde comme mère, fille
ou sœur de la Chaldéenne, de la Phénicienne, de l'Arabe,
de l'Egyptienne ou de toute autre, est pauvre de mots ;
mais sa pauvreté a quelque chose d'honorable , sous ce
rapport qu'elle déploie une grande richesse de moyens,
pour peindre les nuances de la pensée. Elle est mâle ,
rapide, et, comme si elle ne s'adressait qu'à des hommes
intelligens, elle se plaît à tenir compte des connaissances
générales. De là une source féconde d'erreurs et d'in-
terprétations douteuses , surtout depuis qu'on a perdu
la clé d'une foule d'usages et d'allusions , et qu'on
cherché un sens mystérieux dans des manières de

s'exprimer qui , du tems de l'auteur , devaient passer
pour ordinaires et naturelles. L'ellipse et les réticences
sont très-fréquentes dans la langue hébraïque , parce que
les hébreux pensent que c'est une beauté et une perfection dans le discours de ne pas tant dire , mais de donner beaucoup à pènser à son lecteur , et de lui laisser
faire les réflexions et tirer les conséquences qui se présentent naturellement.

On s'étonne avec justice de voir l'enseignement de la
langue hébraïque oublié dans le programme des études
de nos colléges ; on est plus surpris encore de ne pas
rencontrer cette étude dans les maisons d'éducation où
grandit l'espoir du sacerdoce. C'est une lacune qu'il faut
s'empresser de remplir , sans toutefois laisser s'affaiblir
les études grecques et latines qui ne doivent pas cesser
d'être la base de l'enseignement dans les écoles publiques, et qui sont la plus solide garantie d'une bonne éducation.

Ceux qui regardent la langue hébraïque comme la
langue mère, la langue révélée, admettent l'opinion que
cette langue cessa d'être unique dans le tems où arriva ,
à l'occasion de la tour de Babel , la confusion des langues. Les philologues qui rejètent cette opinion, admettent au contraire plus de trente idiômes originaux , ce
qui les porte à conclure que l'homme , par ses moyens
naturels a pu , a dù inventer plusieurs langues.

Si la langue hébraïque a droit de reclamer un des premiers rangs dans l'antiquité du langage, le même honneur doit être accordé à une langue scytique, parlée par
une nation dont le foyer fut la Boukarie , au nord de
l'Indus. Il est maintenant prouvé que , à des époques
ignorées de l'histoire , sortirent du sein de cette nation,
à la fois agricole et pastorale , des essaims de guerriers

qui étendirent leurs invasions successives depuis les plaines du Gange , où leur race persiste , jusqu'aux îles britanniques où l'on reconnaît encore leurs traces.

Depuis un siècle environ , nos savans ont retrouvé le langage de cette nation , sous le nom de *sanscrit* , dans les livres sacrés de l'Inde , et ils le regardent non seulement comme la source d'une foule d'expressions , mais encore comme la base du système grammatical de tous les dialectes actuels de l'indoustan , du goth , du vieux teuton , qui fut le dace des Romains , de son dérivé le plat allemand, d'où dérivent ensuite le hollandais et l'anglo-saxon , enfin de l'ancien grec lui-même et de ses collatéraux , l'étrusque et le latin.

Nous donnerons à cet égard de plus amples détails dans le chapitre suivant.

CHAPITRE VI.

AFFINITÉ DES LANGUES CELTIQUES AVEC LA LANGUE
SANSCRITE.

C'est par la comparaison des différentes langues, tant
anciennes que modernes, que des grammariens savans
se sont élevés à l'idée d'une grammaire universelle. Ils
ont vu dans le matériel même des mots que ces langues emploient, dans leur analogie avec les élémens de
la pensée, des ressemblances si frappantes ; et dans la
marche particulière de chaque langue, des différences
si légères et si accidentelles, qu'ils n'ont pas douté que
toutes les langues n'eussent une origine commune et
qu'elles ne fussent des dialectes d'une même langue primitive qui ne subsiste plus, depuis long-temps, chez aucun
peuple, mais dont les membres, épars dans toutes les autres
langues, ont dû leur donner cette affinité, cet air de famille qu'on remarque entre elles.

Pour rendre ce rapprochement plus sensible, il suffit
d'examiner l'origine, les mots et la syntaxe de toutes les
langues parlées depuis long-tems en Europe.

On s'accorde généralement à regarder la langue celtique et la langue orientale comme les deux grandes et
premières divisions de la langue primitive. Or la langue
grecque est un dialecte de celle des Pélasges, qui elle

même a été formée de la langue celtique et de la langue orientale. En effet, si l'on considère la position géographique de la Grèce, elle offre la figure d'un vaste triangle dont le Danube fait la base au nord ; le Pont-Euxen et la mer Egée forment le côté oriental ; la mer adriatique le ferme à l'occident. La nature a séparé cette espace en trois bandes parallèles à la base, et séparées par de hautes chaînes de montagne ; la Thrace, au nord ; au-dessous, la Macédoine, la Grèce proprement dite et la Thessalie; le Péloponèse fait la pointe.

Des peuplades orientales pénétrèrent dans le pays par l'Hellespont, tandis que des nations celtiques descendirent du côté du nord. Ces nations prirent d'abord le nom de Pélasges ; *pel* signifie élevé, *lasg*, chaîne de montagnes.

Le nom d'Hellènes succéda à celui de Pélasges; il fut, sans doute, dans le principe, celui de la confédération de quelques peuples qui devinrent, avec le temps, les plus puissans de ces contrées. Celui d'Achéens, peuple principal, fût insensiblement appliqué à toute la nation qui ne prit celui de *Grecs* que dans les derniers temps.

S'il est permis d'adopter ces idées sur la manière dont la Grèce fut peuplée, il n'est pas étonnant que le grec ait tant de rapport avec l'indien, le persan, l'allemand, l'esclavon et le suédois. Toutes ces langues ne descendaient pas les unes des autres; elles sont les dialectes d'une langue plus ancienne que la langue grecque.

L'origine de la langue latine se perd avec celle des peuples qui, dans les tems reculés, occupèrent l'Italie. Bullet, dans ses mémoires sur la langue celtique, dit : « Des Gaulois ou Celtes entrèrent dans cette contrée » par le nord, tandis que des grecs y arrivaient du midi : » en avançant peu-à-peu, ils se rencontrèrent et for-

» mèrent un seul peuple dans le Latium. Aussi la langue
» latine offre un mélange de mots celtiques et grecs qui
» semble attester cette réunion de peuples d'origine
» différente.

D'autres historiens prétendent que des peuplades celtiques pénétrèrent dans cette belle contrée, en différens
temps et de plusieurs côtés. Elles y formèrent trois éta-
blissements principaux ; celui des *Sicules*, dans la partie
méridionale , d'où les Celtes passèrent en Sicile qui en
prit son nom ; celui des *Aborigènes* qui tinrent la partie
du milieu , et qui se vantaient de leur ancienneté par
rapport aux autres peuplades arrivées successivement
et dans les tems postérieurs ; enfin celui des *Ombriens*
qui se fixèrent dans la partie septentrionale.

Les grecs , selon les mêmes historiens , conduisirent
aussi en Italie , à différentes reprises , des colonies dont
les plus considérables se trouvaient à l'extrêmité méridionale qui prit de là le nom de *grande Grèce.*

Bullet dit que les premiers habitans de l'Europe furent les Celto-Scythes , d'où sortirent des nations fort
nombreuses. On appela Gaulois ou Celtes les peuples qui
se fixèrent entre les deux mers , les Pyrénées , le Rhin
et les Alpes. Les Gaulois passèrent en Bretagne , en Espagne , en Italie , et y portèrent la langue celtique. La
preuve que les Gaulois ont habité la Bretagne et au moins
l'Espagne septentrionale, c'est que la langue de Biscaye et
du pays de Galles en Angleterre , est la même que
celle de la Bretagne française; on a de plus le témoignage
des historiens latins qui , en parlant des bretons, disent
qu'ils ont les même mœurs, la même religion et la même
langue que les Gaulois , ressemblance qui atteste suffisamment une origine commune.

Court-de-Gébelin , dans ses étymologies françaises ,

prétend que la langue celtique est la même que celle des
orientaux ; elles sont toutes deux , comme nous l'avons
déjà dit , les grandes divisions de la langue primitive. La
langue celtique , ajoute-t-il , se divisa bientôt en autant
de collatérales qu'il y eut de grandes peuplades. De là,
l'ancienne langue grecque ou pélasge , parlée avant
Homère et Hésiode ; la langue des anciens latins , conservée probablement jusqu'au tems de Numa ; la langue
thrace, au midi du Danube, parlée depuis le Pont-Euxin ,
jusqu'à la mer Adriatique , et qui était la même que la
phrygienne ; la langue teuthonne ou germanique , usitée
depuis la Vistule jusqu'au Rhin ; la langue gauloise, parlée
dans toute l'ancienne Gaule et probablement aussi dans
la Grande-Bretagne ; la langue cantabre , qui était celle
de l'ancienne Espagne ; enfin , la langue rhunique, dans
tout le nord de l'Europe.

Mais, en général, c'est la langue gauloise qu'on regarde
comme la vraie celtique , et il est très-probable que ,
dans ce pays , elle se conserva plus long-temps sans
grandes altérations, parce que les peuples s'y conservèrent plus long-temps libres, indépendans et sans mélange.

Il est bien possible que les grecs qui fondèrent Mar-
seille et quelques autres villes, le long de la Méditerra-
née, ayent donné à la langue gallo-celtique quelques-uns
de leurs mots. Les Phéniciens que le commerce attirait
sur ces côtes , purent également introduire dans cette
langue quelques mots relatifs à la navigation et aux productions orientales qu'ils apportaient ; mais ces altérations de la langue celtique dans les Gaules , expliquent
clairement l'analogie des langues de l'Irlande, de l'Écosse
et de la Basse-Bretagne avec le sanscrit , source de
toutes les langues celtiques. Les peuples de ces contrées ont long-temps conservé leur liberté et la pureté

de leur sang, et, malgré les altérations nombreuses que leur langage primitif a dû subir en traversant les siècles, il est facile d'en reconnaître et d'en fixer l'origine.

On divise le groupe des langues celtiques en deux branches.

La première branche, dite gaëlique, comprend l'irlandais, le manx et l'erse.

La seconde branche, dite *bretonne*, comprend le Cymrique, le cornique et l'armoricain ou bas-breton.

Le mot *gaëls* signifie conquérant, guerrier ; c'est le nom donné aux Irlandais et aux Écossais réunis.

L'*irlandais* est le plus important des dialectes gaëliques, par son extension et l'ancienneté de ses monumens écrits. Ces monumens qui embrassent l'histoire, la législation et la philologie, datent pour la plupart, des 10e, 11e, 12e et 14e siècles ; quelques-uns même remontent jusqu'au 6e siècle.

Le *manx* est un dialecte peu important qui n'est en usage que dans l'île de Man.

L'*erse* est la langue des montagnards de l'Écosse.

Cette langue possède aussi des monumens dignes de foi, mais moins anciens que l'*irlandais*, et ne remontant pas au-delà du 14e siècle. Les poésies d'Ossian, recueillies par voie traditionnelle, sont ce qu'il y a de plus remarquable. L'*erse* a subi de fréquentes décompositions et beaucoup d'altérations ; toutefois il est facile de reconnaître sa source et de voir qu'il est un dialecte du gaëlique.

Le nom de *bretons* donné aux habitans de l'Angleterre, par les historiens les plus anciens, vient du mot *brython*, qui signifie guerrier.

La langue *Cymrique* était celle des Gallois.

Le mot cymrique vient de *cym* premier, et *bro* pays, ce

qui porte à croire que les Gallois étaient le premier des peuples Bretons.

Le *cornique* est presque sans importance : c'est un dialecte de la province de Cornouailles et aujourd'hui presque éteint ; il a une grande ressemblance avec le *cymrique*. On en retrouve quelques manuscrits, mais d'une date peu ancienne.

L'*armoricain* est la langue de la Basse-Bretagne.

Le mot *armoricain* signifie *voisin de la mer*.

La Bretagne est une ancienne province de France, de 60 lieues de longueur à peu près, formant une presqu'île environnée de tous côtés de l'Océan, excepté à l'est, où elle confine avec les anciennes provinces de Normandie, de Maine, d'Anjou et de Poitou.

Nous lisons dans la 3e série du tome II du journal asiatique : « La race celtique, établie dès les temps les plus » anciens dans l'Europe occidentale, a dû y arriver la » première, et selon toutes probabilités, elle s'est sé- » parée avant les autres de la souche-commune. Cette » circonstance pourrait expliquer peut-être pourquoi » les langues celtiques, à côté d'une plus grande ri- » chesse en radicaux indo-européens, offrent un système » moins complet de formes grammaticales que la plupart » des autres branches de la famille ; soit qu'à l'époque » de la séparation, l'ensemble de ces formes n'eut pas » encore reçu tout son développement, soit, ce qui est » le plus probable, qu'un temps plus long eut influé, » sous ce rapport, d'une manière plus destructive. » Quoiqu'il en soit, les analogies de ces langues avec le » sanscrit nous reportent à l'époque la plus ancienne à » laquelle nous puissions arriver par la philologie com- » parée, et deviennent ainsi une des données les plus » importantes, pour rechercher quel dégré de dévelop .

» pement avait atteint la langue mère de toute la famille.
» Ainsi, l'examen des idiômes celtiques paraît démontrer
» avec évidence qu'au moment de la séparation , la lan-
» gue mère possédait déjà tout un système de lois eupho-
» niques que le sanscrit a le mieux conservé; si bien que
» certaines anomalies du celtique trouvent encore leur
» application dans les règles euphoniques de l'idiôme
» sacré de l'Inde. L'ensemble des formes grammaticales
» ainsi que le système de dérivation et de composition
» sont l'objet de semblables remarques. »

M. Pictet , auteur de ces observations, pense qu'il serait possible de découvrir l'état de civilisation au quel
était parvenu le peuple père de toute la race indo-européenne , en faisant une comparaison approfondie et toujours fondée sur les vrais principes étymologiques , des
termes appliqués à désigner les objets de la vie maté-
riellle, les animaux domestiques ou sauvages, les plantes
utiles à l'homme , les produits de l'industrie humaine ;
puis des expressions qui se rattachent à l'organisation sociale, à la vie intellectuelle et aux croyances religieuses.

Afin de mieux prouver que l'étude des langues celtiques offre des élémens nombreux pour la solution de ce
problême , le même écrivain donne quelques exemples
remplis d'intérêt.

Le nom d'un ustensile très-primitif, à l'usage surtout
des peuples pasteurs , la *baratte*, a été formé , en sanscrit, de la racine *mat* ou *mant* , d'où viennent *mat-in* ,
mant-a mant-ara , batte à beurre, *mant-ani* , baratte ,
mat-ita, babeurre. La chose et le nom ont été apportés
en Europe par les Celtes, comme le démontre l'irlandais
meadhar, mindhe , baratte, *meadhy*, petit-lait , en erse ,
meag ou *meung*, en gallois, *maez*, idem. Il est remarquable
que ce mot se trouve aussi dans le vieux français , la

mègue de lait, pour le petit-lait ; les gaulois le possédaient donc probablement. Ces dénominations, les Gaëls et les Bretons n'ont sûrement pas été les chercher dans l'Inde ; elles ont dû être déjà en usage chez les ancêtres communs des Hindous et des Celtes. Les premiers les ont portées dans l'Inde avec la racine qui les explique ; les autres, dans leurs migrations plus lointaines, ont perdu la racine et conservé seulement les formes dérivées.

Un autre exemple, mais plus intéressant, en ce qu'il pourrait bien fournir une indication approximative sur la position géographique du berceau de la race indo-européenne, se trouve dans le mot irlandais *telu*, lit, gallois, tyle, couche, lit de repos, (identique au grec *tule*, matelas, coussin.) Tous ces mots ont une affinité évidente avec le sanscrit *tulika* coton, de la racine *tûl*, jeter en dehors. Il en résulterait que ce pays a du être situé en dedans, ou du moins très-près de la limite de croissance du coton ; car une matière dont on faisait des matelas, devait être abondante et d'un prix peu élevé. Or, la culture du coton ne dépasse pas la Perse, et il est même douteux qu'il réussisse dans la partie septentrionale de ce pays. Ceci semblerait donc indiquer, comme le berceau de la famille, une contrée plus méridionale qu'on ne le suppose ordinairement.

Cette induction semblerait appuyée par une autre analogie.

Un des noms du tigre, en sanscrit, est *sardûla*, et ce nom comme ceux du lion, du taureau et de l'éléphant, dans ses composés, prend la signification de grand, fort, puissant. Or, en irlandais, *sardulaid*, signifie fort. Si cette analogie n'est pas fortuite, elle viendrait à l'appui de la précédente, car le tigre ne se trouve que dans les vastes bassins qui versent leurs eaux dans la mer des Indes.

Les analogies qui touchent aux traditions religieuses et mythologiques, sont aussi d'un haut intérêt. Selon toute probabilité, le peuple issu de la race indo-européenne, avait une religion, un culte, des mythes traditionnels sur sa propre origine. Lors de sa division en plusieurs branches, chaque tribut emporta toutes ou seulement une partie de ces traditions, de ces doctrines ; mais celles-ci s'altérèrent de plus en plus par l'effet du tems et des vicissitudes sociales, et firent place à des croyances nouvelles, mieux adaptées au caractère de chaque peuple. Qu'il soit resté des traces du système primitif, c'est ce qu'on ne peut mettre en doute. Le mot *Dieu*, par exemple, est identique dans presque toutes les langues de la famille : en sanscrit, *dewa* au nominatif *devas*, en grec, *theso* ; en latin, *deus* ; en irlandais, *dia* ; en gallois, *dew* ; en lithuanien, *diewas*. Le sanscrit a conservé la racine de ce nom dans le verbe *diw*, briller. L'idée de Dieu a donc été primitivement liée à celle de la lumière, son symbole le plus pur et le plus expressif. Le sanscrit *tarman* désigne le sommet du poteau où l'on attachait la victime : il n'y a aucun doute que ce mot ne soit identique au grec *terma* et au latin *terminus*. *Terma*, chez Homère, désigne le poteau du cirque autour duquel les chars devaient tourner ; le sens s'est ensuite généralisé. En irlandais, *tarman*, et en erse, *teurmann*, signifie un sanctuaire, un refuge, un asyle, ce qui rappelle l'antique coutume de regarder l'autel comme inviolable.

Une autre analogie non moins curieuse fait remonter à la plus haute antiquité l'institution des anachorètes qui jouent un si grand rôle dans les traditions antiques, sous le nom de *mounis*. Le mot sanscrit *muni* signifie un homme saint, un sage, un anachorète, et se lie probablement à la racine *mun*, penser. Quoiqu'il en soit, le mot irlandais *muin*, instruire, enseigner, paraît se rattacher directement à la forme *muni*. De ce dernier terme dérivent en sanscrit le mot *muna* silence, le silence étant une obligation que s'imposaient les anachorètes ; or, en irlandais *maon*, signifie muet.

Le cymrique *man* signifie un individu isolé, d'où *monad*, isolément. Le grec *monos* a bien probablement la même origine, et les moines, *monachi*, se trouvent parens des *munis* et par l'idée et par le nom.

Pour bien analyser une langue et saisir ses analogies avec les langues qu'elle a produites ou desquelles elle découle, il faut étudier son système phonique, ses dérivés et ses composés, sa syntaxe et ses formes grammaticales. Sous ces divers rapports, la langue sanscrite offre avec les langues celtiques une admirable ressemblance.

Quand on enlève aux mots celtiques leurs élémens de dérivation et leurs formes purement grammaticales, on arrive à des racines monossyllabiques, comme en sanscrit et dans toutes les autres langues de la famille indo-européenne. Il est à remarquer que ces racines sont toujours des verbes. Il y a cependant des mots dont les racines sont perdues, et il est bien probable qu'ils ne se sont éloignés ainsi de leurs formes primitives que par les mélanges qu'ont amenés le temps et les migrations successives.

Dans le système grammatical, on entend par composition la réunion de deux ou plusieurs mots, ayant chacun isolément une signification propre, et réunis pour ne former qu'un seul tout.

La physionomie spéciale d'une langue se trouve et s'observe surtout dans le sytème qu'elle adopte pour la formation de ses composés. On ne connaît pas de langues qui, sous ce rapport, se prêtent mieux à l'expression de la pensée et aux peintures vives de l'imagination que le sanscrit. Après lui, dans cet ordre de richesses, viennent les différens idiômes celtiques, et particulièrement le grec.

Il n'est pas rare de trouver des composés trinaires, tant les langues celtiques offrent de facilités de composition ; semblables encore, en cela, au sanscrit qui, sous ce rapport, jouit d'une licence presque sans bornes.

Le substantif sanscrit *mati* signifie intelligence, désir, mémoire, respect, de la racine *mun* respecter. En se combinant avec des adjectifs ou des participes, il forme *amati*, absence de connaissance et d'intention ; *durmati*, inepte, simple, ignorant ; *summati*, bienveillance ; *anumati*, consentement ; *mandamati*, stupide. En irlandais, *modh* signifie respect, honneur ; *modhaigh*, connaître, sentir ; *mothugadh*, sentiment, perception ; *ameideach*, absence ; *dearmad*, négligence ; *formad*, envie ; *somadh*, science, ingénieux.

Les noms de nombre offrent une analogie et une concordance admirables.

Sanscrit.	Irlandais.	Erse.	Gallois.	Breton.	Cornique.
1 éka.....	an, aon....	aon...	un.....	unan....	un, onen.
2 dui......	di, da, do.	da...	dau.....	dau.....	deau.
3 tri......	tri......	tri....	tri.....	tri......	tre, trei.
4 catur....	ceathar...	ceathaio..pedwar...	pewar..	peswere.
5 paucan..	cuig.....	cuïg...	pump..	pemp...	pemp.
6 sas......	se........	se......	chwech.	chuech.	hink.
7 saptan...	seacht....	seachd.	sath...	suz.....	suth.
8 astan.....	ocht.....	ochd..	wyth...	eitz....	eath.
9 navan.....	noi......	naoi..	naw.....	nav....	nau.
10 dasan.....	deich....	deich..	deg......	dek...	dek.

A partir de dix jusqu'à vingt , le gaélique combine régulièrement les neuf premiers nombres avec *deagh* , *aon-deagh* , *da-deagh* ; le nombre vingt se rattache à la formation sanscrits *vins'ati*, ou *vi* est pour *dui*, deux , et où *s'ati* exprime les dixaines.

Le sanscrit *s'ata* cent, répond à l'irlandais *cead* ou *ceat*, à l'erse *cead* , au breton *kant*.

Les formes de la conjugaison et les élémens de la formation du verbe se sont conservées dans les langues celtiques , et présentent une foule de faits intéressans pour l'histoire comparée des idiômes indo-européens.

La syntaxe n'offre pas des analogies moins frappantes.

CHAPITRE VII.

VARIÉTÉ ET PERFECTIONNEMENT DES LANGUES.

Nous avons déjà dit que toutes les fois qu'il fallut nommer des objets accompagnés de son ou de mouvement, l'imitation par les mots s'offrit d'elle même. Mais on dut donner aussi des noms aux objets qui frappent seulement la vue, et enfin aux objets purement moraux et intellectuels. Dans le premier cas, plusieurs philosophes prétendent que l'analogie n'abandonna pas entièrement l'homme, et que si, dans toutes les langues, ou remonte aux mots radicaux, on reconnaîtra quelque correspondance entre le mot et la chose signifiée. Quant aux idées morales et intellectuels, les mêmes philosophes pensent qu'avec une certaine réflexion, on peut encore découvrir quelques traces d'analogie entre les termes qui servent à exprimer ces idées et les noms des objets sensibles avec lesquels on a supposé que ces idées avaient quelque rapport.

S'il était permis, d'après ce système, d'établir un rapport naturel entre les objets et les mots, ce ne serait que dans l'état de simplicité primitive des langues. A la vérité, on apperçoit encore dans toutes quelques traces d'un pareil principe; mais on chercherait envain à le découvrir dans la totalité des mots de l'une d'elles. A mesure que les termes d'une langue se multiplient, on y introduit une foule de dérivés et de composés arbitraires qui s'éloignent toujours de plus en plus de leurs premières racines, et perdent insensiblement toute espèce de ressemblance et d'analogie de sons avec les choses qu'ils expriment. Aussi considérons nous dans les langues, telles que nous les trouvons, les mots comme des symboles, et non comme des imitations, comme des signes arbitraires, et non comme des signes naturels. Toutefois nous devons convenir que le langage primitif n'ayant pu être formé que par imitation, plus on remonte vers sa naissance, plus on doit y découvrir les traces de l'expression de la nature.

Il est certain, que les interjections ont été les premiers élémens du langage, et que les hommes s'efforcèrent d'abord de se communiquer mutuellement leurs sentimens par des cris et des gestes expressifs que la nature leur enseignait. On doit même penser que, pendant long-temps, on employa peu de mots dans la conversation, et qu'on y suppléa par des exclamations et des gestes. Les inflexions de la voix furent aussi d'un grand secours dans l'origine du langage, et le système d'analogie qui a présidé à la formation des langues, a dû donner à l'homme l'habitude de prononcer les mots avec une espèce d'amphase. A mesure qu'il n'a plus été possible de peindre les objets par des sons, on a dû parler avec plus de calme, employer moins de gestes, moins de sons chantans, moins d'éclats de voix.

Cependant plusieurs nations conservèrent l'habitude d'une prononciation vive et forte, surtout celles d'un génie impétueux et d'une imagination ardente. D'ailleurs les inflexions de la voix sont si naturelles que plusieurs

peuples expriment des idées différentes, en prononçant
le même mot sur différens tons. On assure que la langue
chinoise ne renferme pas un nombre de mots bien considérable et que chacun d'eux pouvant recevoir cinq
intonnations différentes, produit autant de significations
diverses. Ce langage a nécessairement une grande ressemblance avec la musique, car les inflexions doivent
s'être adoucies graduellement et avoir perdu leur rudesse
primitive. C'est ainsi qu'à dû se former insensiblement
la prosodie du langage.

Il ne faut pas perdre de vue que les langues grecque
et latine se distinguent entre toutes les autres par leur
prononciation musicale. Non seulement les syllabes, dans
ces langues, sont nécessairement longues ou brèves,
mais elles sont encore très-souvent marquées d'un accent
qui fait élever ou baisser la voix. La déclamation, chez
ces peuples était si vive, si cadencée, qu'on aurait pu
la noter et y joindre un accompagnement d'instrument.
Convenons que nous sommes loin de leur perfection en
ce genre, et que notre prononciation leur paraîtrait bien
lourde, bien monotone, s'ils nous entendaient lire les
admirables harangues de Démosthènes ou de Cicéron.

L'action des orateurs était si vive à Rome que Roscins
aujourd'hui nous paraîtrait un vrai furieux, et que Cicéron avoue lui-même qu'il disputait avec ce dernier, à qui
pourrait exprimer d'un plus grand nombre de manières
la même pensée, l'un en paroles, et l'autre en gestes.
On croit que la prononciation des langues grecque et
latine s'altéra profondément, lorsque l'Empire romain
fut envahi par les barbares. Les tons et les gestes, œuvres
de la nécessité d'abord, et conservés ensuite par l'imagination, furent de plus en plus négligés; on n'attacha
plus qu'un médiocre prix à la déclamation et à l'action,

et les discours publics, comme les conversations ordinaires, devinrent plus calmes et plus simples.

Cependant nous ne prétendons pas soutenir que la prononciation des langues a perdu toute sa vivacité ; les langues italienne et espagnole ont conservé quelque chose de la cadence et de l'action des grecs et des romains ; mais plus on remonte vers le nord, moins on remarque de variété et de mouvement dans le langage ; sans doute parce qu'on trouve une sensibilité moins vive chez les peuples septentrionaux.

Quand les hommes, réunis d'abord sur le même point, se sentirent pressés par la nécessité de chercher dans d'autres lieux les moyens de pourvoir à leurs besoins, la langue commune subit ses premières altérations. Arrivés sous un ciel nouveau, sur un sol chargé de productions inconnues, ils inventèrent bientôt une foule de mots qui n'avaient pu appartenir à la langue primitive, et qui devinrent les signes de besoins nouveaux et de découvertes récentes.

Il est facile de concevoir cette altération progressive du langage primitif, quand on songe à la différence des climats, des productions, des découvertes scientifiques que le temps permit de faire. L'étude de ces altérations successives se rattache à toutes les tentatives, à tous les progrès de la civilisation, de l'industrie, des arts et de la philosophie. La signification des mots étant arbitraire, toutes les fois qu'il s'agit de désigner des objets qui ne permettent pas l'imitation, chaque société doit avoir son langage particulier, plus ou moins varié, plus ou moins riche, plus ou moins harmonieux, selon que cette société est fixée sous un ciel plus ou moins brûlant, sur un sol plus ou moins fertile, dans des lieux plus ou moins variés, plus ou moins en rapport avec les sentimens de l'âme , ce qui prouve d'abord l'influence des climats et des lieux sur les sentimens et les passions, et ensuite l'influence de ces sentimens, de ces passions, sur le langage des peuples.

Voici un passage intéressant de Rousseau sur les causes qui ont amené la variété des langues :

« Les langues méridionales durent être faciles , cou-
» lantes , harmonieuses, sonores, accentuées : dans des
» climats heureux où la terre prodiguait à l'homme une
» subsistance abondante , en même temps qu'elle lui
» offrait les plus riantes images, les passions furent dou-
» ces, tendres , vives ; et les langues , nées du plaisir
» et du sentiment , en conservèrent long-temps l'accent
» flatteur. Au contraire, dans les contrées septentriona-
» les,où l'homme n'arrache qu'à force de travaux à une
» terre ingrate quelques productions à peine suffisantes
» à ses besoins , l'âme, au lieu de douces émotions , n'a
» que des sentimens pénibles ; les passions sont irasci-
» bles et impétueuses. Les langues y doivent donc être
» sourdes, rudes. articulées, monotones ; tristes filles de
» la nécessité , elles se sentent de leur dure origine.

Mais, malgré cette variété des langues, elles ont conservé une admirable analogie dans la simplicité et la vérité de leurs principes généraux , parce que les hommes ont toujours pris la nature pour guide , non seulement dans l'invention des mots isolés , mais encore dans la liaison des idées et la contexture de la pensée.

Toutes les langues ont donc des principes communs : l'étude de ces principes est l'objet de la grammaire générale.

Chaque langue a ensuite sa grammaire particulière.

La grammaire particulière enseigne les règles qui régissent telle ou telle langue, sans avoir aucun rapport avec les autres formes du langage.

L'étude de la grammaire générale consiste surtout à examiner les langues dans leur origine, à les suivre dans leurs progrès, à les ramener toutes au même point de départ, afin de saisir le lien qui les unit et d'établir pour toutes une base unique.

Tout ce qui précède a suffisamment prouvé que le perfectionnement des langues tient au développement de l'esprit humain et aux progrès de la civilisation. D'abord, l'homme borné à des besoins physiques peu nombreux, ne s'occupa que des objets sensibles avec lesquels il se trouvait en communication directe ; mais bientôt, donnant l'essort à son imagination et devenant, en quelque sorte, créateur à son tour, il élargit le domaine de son intelligence et éleva un monde de pures abstractions. Nous avons donc raison de dire que la langue d'un peuple a beaucoup de ressemblance avec son intelligence, ou plutôt avec sa civilisation. Le peuple qui se borne aux simples besoins de l'homme physique, ou qui vit sur un sol ingrat où sous un ciel irrité, n'a pas plus de signes que de besoins, quelques mots suffisent à sa langue. Mais à mesure qu'il s'éloigne de cet état presque sauvage, ses besoins se multiplient, son intelligence s'étend et sa langue s'enrichit. Arrivé enfin au plus haut degré de la civilisation, il a une langue riche, variée, souple, qui a suivi pas à pas toutes les phases de cette civilisation et qui ne cesse de marcher avec elle.

Rien ne rapprocherait plus les peuples, rien ne confonderait mieux tous les hommes dans une famille universelle, que la communauté du langage. Cette pensée fut un beau rêve des philosophes modernes, mais, comme nous l'avons déjà dit, au sujet du grand Leibnitz, ce fut un rêve sans réalité possible. Il est facile de reconnaître la haute importance d'une entreprise aussi belle, aussi philantropique, et de se passionner pour son exécution, mais on recule, dès les premiers pas, parce que, dès les premiers pas, on reconnaît les insurmontables difficultés contre les quelles se briseraient les plus constans efforts. On sait Je charme qui s'attache aux premières habitudes de l'homme ; la plus précieuse, la plus puissante de toutes, est sans doute celle du langage, parce qu'elle se lie à ses premières idées, comme à ses premiers sentimens. Hé bien, quel peuple aurait sérieusement voulu faire le sacrifice de la langue à la quelle se rattachent tous les souvenirs de bonheur, de gloire, de liberté et de patrie ? On renonça donc à cette grande amélioration sociale, et alors commença une lutte noble et grande entre toutes les langues de l'Europe, pour savoir à laquelle appartiendrait la prééminence philosophique. Nous avons l'orgueil de croire que notre langue nationale est sortie victorieuse de cette lutte.

Rivarol, dans son discours sur l'universalité de la langue française, couronné, en 1785, à l'Académié de Berlin, débute ainsi : « Le tems semble être venu de dire, *le* » *monde français*, comme on disait autrefois *le monde* » *romain;* et la philosophie, lasse de voir les hommes » toujours divisés par les intérêts divers de la politique, » se réjouit maintenant de les voir, d'un bout de la terre » à l'autre, se former en République, sous la domina- » tion d'une même langue.

» Spectacle digne d'elle, que cet uniforme et paisi- » ble empire des lettres qui s'étend sur la variété des » peuples, et qui, plus durable et plus fort que l'empire » des armes, s'accroît également des fruits de la paix et » des ravages de la guerre !...

Ici , l'écrivain, remontant aux Romains, fait voir comment ces vainqueurs apportèrent leur langue avec leurs lois dans les Gaules, et comment les Francs, qui leur succédèrent , consentirent aussi à parler latin. Mais cette langue se corrompit dans la bouche du peuple , et il se forma presqu'autant de dialectes qu'il y avait de provinces dans la monarchie.

« Si le dialecte provençal , dit Rivarol , eut prévalu , » il aurait donné au français l'éclat de l'espagnol et de » l'italien ; mais le midi de la France , toujours sans capitale et sans Roi , ne put soutenir la concurrence du » nord , et l'influence du patois Picard s'accrut avec » celle de la Couronne. C'est donc le génie clair et méthodique de ce jargon , et sa prononciation un peu » sourde, qui dominent aujourd'hui dans la langue française. »

Rivarol examine ensuite pourquoi l'Europe préféra le français aux autres langues.

L'allemand parut trop difficile, et sa prononciation trop gutturale choque l'oreille des peuples du midi. A l'époque d'ailleurs où il fallut faire un choix, la langue française , déjà dégagée de la barbarie, fixait l'attention de l'Europe par un assez grand nombre d'ouvrages de génie, tandis que l'allemand n'offrait pas un monument. La langue espagnole brillait alors de tout son éclat ; mais cette langue , comme la nation qui la parlait , cachait , sous une grande magnificence, une pauvreté réelle. D'ailleurs la majesté de la prononciation espagnole invite à l'enflure , et la simplicité de la pensée se perd dans la longueur des mots et sous la plénitude des désinences.

La langue italienne fut elle-même repoussée, quoique le peuple romain occupât le centre du monde depuis tant de siècles , et que l'Italie eut accoutumé les nations à son empire et à ses lois. Mais sa grande douceur dégénère en mollesse, ses formes obséquieuses déplaisent à la franchise des peuples du nord, et cette langue tombait en décadence précisément à cette époque fatale. Elle se consola de cet échec en devenant la langue de la musique.

Un autre motif fit écarter la langue italienne, c'est que les chefs visibles de l'Église n'écrivirent et ne parlèrent jamais au monde catholique qu'en latin.

La langue anglaise n'a pas été choisie par un sentiment de jalousie et d'éloignement pour le peuple qui la parle. Par sa position et son organisation politique, l'Angleterre est toujours agitée intérieurement, ou dans l'obligation de faire la guerre et de nuire aux autres nations, qui à l'estime qu'elles ne refusent pas à ce peuple puissant et éclairé, joignent toujours un peu d'antipathie et de haine.

Mais la France a dans son sein une substance assurée et des richesses immortelles. Son influence est si grande dans la paix et dans la guerre, que, toujours maîtresse de donner l'une ou l'autre, il doit lui sembler doux de tenir dans ses mains la balance des empires, et d'associer le repos du monde au sien.

Par sa situation, elle touche à tous les états; par sa juste étendue, elle touche à ses véritables limites. Il faut donc que la France conserve et qu'elle soit conservée, ce qui la distingue de tous les peuples anciens et modernes. Tout le monde a donc besoin de la France, tandis que l'Angleterre a besoin de tout le monde; la première domine tout les peuples, l'Angleterre les inquiète tous.

Parmi les autres motifs qui valurent la prépondérance à la langue française, Rivarol cite surtout le caractère, le génie, les mœurs douces de notre nation, l'esprit de

tolérance et de justice de notre gouvernement, la richesse
de notre littérature , la modération de nos opinions et
de nos goûts, modération qui forme contraste avec les
peuples du nord , comme avec les peuples du midi ,
et établit comme un juste-milieu entre les extrêmes ; en
sorte que les peuples du nord viennent chercher chez
nous l'homme du midi , et les peuples du midi l'homme
du nord. Enfin la nature semble avoir fait le français
homme de toutes les nations, il est le centre du quel tous
les peuples aiment à se rapprocher.

Voici comment Rivarol trace le tableau du règne de
Louis XIV , nous terminerons par cette citation :

« Il semble que c'est vers le milieu du règne de Louis
» XIV , que le royaume se trouva à son plus haut point
» de grandeur. L'Allemagne avait des princes nuls; l'Es-
» pagne était divisée et languissante ; l'Italie avait tout
» à craindre ; l'Angleterre et l'Écosse n'étaient pas
» encore unies ; la Prusse et la Russie n'existaient pas.
» L'heureuse France , profitant de ce silence de tous les
» peuples , triompha dans la paix , dans la guerre et
» dans les arts ; elle occupa le monde entier de ses en-
» treprises et de sa gloire. Pendant près d'un siècle ,
» elle donna à ses rivaux et les jalousies littéraires , et
» les alarmes politiques , et la fatigue de l'administra-
» tration. Enfin l'Europe, lasse d'admirer et d'envier ,
» voulut imiter : c'était un nouvel hommage. Des essaims
» d'ouvriers entrèrent en France , et en rapportèrent
» notre langue et nos arts qu'ils propagèrent. »

Quels ne seraient pas l'orgueil et la joie de Rivarol, qui
a si bien peint les splendeurs de la patrie, avant la grande
époque de notre régénération , s'il avait vu les gloires
de l'Empire, et s'il était témoin des prodiges de notre civilisation actuelle , marchant à l'ombre de la liberté , et

6

sous l'égide d'un gouvernement réparateur et libéral ?

Nous n'ajouterons plus qu'un mot. Dès la paix de Nimègue, en 1678, il fut arrêté par la diplomatie que les intérêts de la France, dans les congrès et les cours étrangères, ne seraient plus traités qu'en français ; et en 1815, au fameux congrès de Vienne, le français fut la seule langue admise pour la discussion des affaires et la rédaction des protocoles. A cette désastreuse époque, l'Europe, longtemps courbée sous le joug du génie de la France, prenait contre nous une cruelle revanche, et cependant elle rendait encore hommage à notre supériorité, et semblait nous céder encore la première place parmi les nations !

CHAPITRE VIII.

ANALOGIE ENTRE LES PARTIES DU DISCOURS DANS TOUTES LES LANGUES.

Les mots sont signes de nos idées, c'est-à-dire qu'ils les représentent.

Un mot se divise en autant de parties qu'il y a d'émissions de voix pour le prononcer.

Chacune de ces parties se nomme syllabe.

Il y a quatre émissions de voix, et par conséquent quatre syllabes dans le mot *Napoléon*, *Na-po-lé-on*.

Les syllabes sont parlées ou écrites : les premières sont pour les oreilles, les autres pour les yeux.

Une syllabe parlée est un son prononcé en un seul tems et par une seule émission de voix.

Une syllabe écrite est ou une simple voyelle, ou une ou plusieurs voyelles unies à une ou plusieurs consonnes, et écrites à l'aide de certains caractères nommés *lettres*.

Il y a donc des syllabes formées d'une seule voyelle, mais, pour le plus grand nombre, il faut le concours des voyelles et des consonnes.

Les voyelles se forment par une simple émission de voix, sans articulation ; ainsi, elles se prononcent seules et sans le concours des consonnes.

Les consonnes se forment par le son de la voix, modifié par les lèvres, les dents, la langue, le palais ou le nez. Elles ne peuvent se prononcer sans le secours des voyelles.

Les lettres sont des signes ou caractères qui, par leurs combinaisons, forment les syllabes.

Les syllabes combinées forment les mots, signes de nos idées.

Les mots réunis par une affirmation forment la proposition, expression d'un jugement.

Les propositions réunies sont l'expression d'une pensée plus ou moins composée, grammaticalement appelée phrase.

Enfin la réunion de plusieurs phrases forme un discours, assemblage de pensées bien liées, tendant à développer une question quelconque.

On appelle *monosyllabe, dissyllabe, trissyllabe, polysylabe*, les mots composés d'une, deux, trois, ou d'un plus grand nombre de syllabes.

Plusieurs voyelles réunies pour ne former qu'un seul son, une seule émission de voix, forment les diphtongues.

On appelle *Alphabet* la réunion de toutes les voyelles et de toutes les consonnes.

Toutes les langues admettent à peu près le même nombre de voyelles, mais non le même nombre de consonnes. Dans ce dernier cas, il y a nécessairement moins de syllabes, et par suite moins de variété et de richesse dans le langage. On distingue, dans la plupart des mots, deux choses qui ne peuvent jamais être confondues, le *radical* et la *terminaison*. Cette distinction doit surtout se faire dans les langues qui admettent les déclinaisons et les conjugaisons, c'est-à-dire, dans presque toutes les langues anciennes.

Le radical est la première partie, la partie invariable

du mot , celle qui renferme toute sa force , toute sa signification. Cette partie a reçu le nom de *radical,* parce-
quelle a une grande analogie avec la racine d'une plante.

En effet , quelle que soit la nature d'une plante, c'est
dans sa racine surtout que résident sa force et sa vie ; si
vous touchez à cette racine, vous flétrissez la plante et lui
donnez la mort. De même , si vous altérez , en quoi que
ce soit , le radical d'un mot , vous lui enlevez sa signification propre ; il ne représente plus fidèlement l'objet
dont il était d'abord le signe , enfin il n'est plus ce qu'il
était. Ainsi , malgré toutes les modifications de genre ,
de nombre, de cas , dans les noms , les adjectifs , les
pronoms et les participes; de tems, de nombre, de modes,
de personnes et de voix dans les verbes , le radical ne
peut jamais varier , parceque la moindre altération, dans
cette partie essentielle du mot , compromettrait le sens
du discours et donnerait lieu à de fréquentes méprises.

Aussi pour l'homme qui observe et suit la marche du
langage articulé , la désinence n'est presque rien, tandis
que le radical est presque tout, et ce n'est que dans cette
première partie du mot qu'il est possible d'étudier les
étymologies.

La terminaison ou désinence est donc la dernière partie du mot , en même tems qu'elle en est la partie variable. C'est à l'aide de la désinence , ou plutôt c'est par
elle seule que , dans la plupart des langues , il est possible de déterminer le nombre, le genre et le cas des mots
soumis à la déclinaison , ainsi que le tems , la personne,
les modes et les voix des mots soumis à la conjugaison.
Les langues pauvres en désinences sont obligées de recourir à l'article pour la déclinaison , au pronom pour la
conjugaison , à la préposition enfin pour l'indication
d'une foule de rapports. Mais les langues qui ont un

grand nombre de désinences variables , se débarassent de cet entrave qui fatigue l'esprit , surcharge le style , et rend le discours traînant. Dans ces dernières langues, il y a moins de monotonie , parce que les mêmes sons ne reviennent pas sans cesse frapper l'oreille , et que cette variété des sons amène naturellement l'harmonie.

Il y a deux sortes de mots , ceux qui sont imitatifs, et ceux dont la signification est arbitraire.

Les premiers., peignant la nature même des choses , imitant le son des objets , sont presque les mêmes dans toutes les langues : ainsi les mots *bailler* , *siffler* , *tonner croquer* ont à peu près le même radical dans toutes les langues. Cette ressemblance, dans le radical des mots imitatifs, tient au goût naturel, à l'entraînement de l'homme pour l'imitation à la quelle sont dus les premiers progrès du langage.

Les mots dont la signification est arbitraire, sont ceux qui désignent les objets qui ne permettent point l'imitation; ces mots, dans les langues, n'offrent aucune analogie de sons , quoique soumis aux mêmes règles de construction.

Les mots pris isolément sont la matière du discours ; combinés suivant certaines règles , ils en constituent la forme. Dans les mots pris isolément , on doit considérer les voix, les articulations, les syllabes et la prosadie, qui comprend l'accent et la quantité; de toutes ces choses se compose la prononciation pour la langue parlée. Pour la langue écrite , il faut diviser les lettres en voyelles et en consonnes , afin de représenter les voix et les articulations , les caractères prosodiques , la ponctuation , et cela constitue l'orthographe.

Enfin les mots pris isolément et considérés comme signes de nos idées , ont un sens, une valeur qu'il est im-

portant de connaître ; il faut pouvoir saisir les diverses
acceptions des mots , leur sens propre ou figuré; voilà
le domaine des tropes.

La division la plus simple et la plus générale qu'on
puisse établir est celle qui partage les mots en deux grandes classes , ceux qui , étant eux seuls les signes de la
liaison de deux idées en rapport , ne changent jamais ,
et ceux qui changent de formes , suivant la nature du
rapport général qu'ils concourent à désigner,

Cette division est d'autant plus intéressante qu'elle
porte sur la masse entière de la grammaire, et sur les causes générales qui déterminent toutes les parties du discours à revêtir les qualités de l'une ou de l'autre de ces
deux classes. C'est cette partie de la grammaire que
Dumarsais appelle les préliminaires de la syntaxe.

La syntaxe est l'ensemble des lois en vertu desquelles
se fait , dans le discours , la combinaison des mots. Elle
détermine la place que les mots doivent occuper les uns
à l'égard des autres , ou les formes accidentelles dont ils
doivent être affectés, c'est-à-dire, les nombres, les genres,
les cas, les modes et les tems. Le choix s'en décide par la
considération des rapports qui sont entre les idées. Si
c'est un rapport d'identité ; il soumet les mots aux lois
de la concordance ; si c'est un rapport de détermination,
il soumet les mots aux lois du régime.

La construction est un cas particulier de la syntaxe ;
elle est à l'égard des phrases prises isolément , ce qu'est
la syntaxe à l'égard du système général de la langue.

Nous nous bornerons à quelques observations sur la
construction , bien différente dans les langues anciennes
et les langues modernes.

On peut dire que dans les langues primitives, il y avait
toujours ce que nous appelons inversion. En effet le lan-

gage parlé a une grande analogie avec le langage d'action, et il est certain que quand nous sommes privés du premier et que nous désirons vivement un objet , nous désignons avant tout cet objet du geste. Notre esprit en est préoccupé et nous laissons tout d'abord deviner, par notre premier geste, l'impression qu'il a faite sur nous. Hé bien , si cela est naturel dans le langage d'action , pourquoi cela ne le serait il pas dans le langage parlé ? Pourquoi, dans celui-ci comme dans l'autre, les idées ne s'exprimeraient-elles pas aussi dans l'ordre de leur importance , puisque c'est là l'ordre qui se trouve naturellement dans l'esprit.

Nous établirons donc ce principe que les idées se succèdent dans l'esprit suivant leur importance , et non suivant l'ordre de la nature et du tems. Les mots qui expriment ces idées doivent se succéder dans le même ordre.

Voyez en effet la contexture de la plupart des phrases latines : vous y trouverez d'abord le mot qui exprime l'objet principal du discours avec toutes les circonstances qui le déterminent , et seulement après, la personne ou la chose qui agit sur cet objet. Cet ordre rend certainement la pensée d'une manière plus vive et plus frappante, et convient mieux à l'imagination qui s'attache d'abord à l'idée de l'objet principal et, après l'avoir nommé , le tient comme présent dans le reste de la phrase.

Toutes les langues anciennes présentent ce caractère, à l'exception de la langue hébraïque. Souvent elles laissent, dans l'arrangement des mots, une si grande liberté qu'elles permettent de les placer dans l'ordre le plus agréable à l'imagination de celui qui les emploie. La langue hébraïque fait peu usage des inversions , et ressemble bien plus, dans sa marche, aux langues modernes qu'aux langues anciennes.

Les langues modernes n'ont point adopté l'inversion, si non dans la poésie et encore bien rarement. On pourrait dire que les autres suivent l'ordre de l'imagination et que celles-ci suivent celui de l'entendement. En effet, dans les langues modernes, l'ordre des mots est soumis à des règles invariables : on place d'abord, dans la proposition, la personne ou la chose qui parle ou qui agit, ensuite l'action de cette personne ou de cette chose, et enfin l'objet de l'action.

Tout en reconnaissant ce qu'il y a de naturel et d'avantageux dans la marche des langues anciennes qui admettent l'inversion, nous devons dire que l'ordre adopté par nos langues modernes est plus logique, plus clair, plus distinct ; car, dans le premier cas, on place les mots suivant l'ordre dans le quel les idées se présentent à l'imagination, tandis que, dans l'autre cas, elles sont rangées dans l'ordre selon le quel l'entendement prescrit de les exposer successivement à ceux à qui nous parlons.

Ils ne faut cependant pas conclure de là que les langues transpositives soient obscures : les rapports que les mots ont entre eux, sont si bien marqués par les désinences, qu'avec la plus légère attention on les reconnaît à l'instant. Or, si ceux qui n'ont qu'une faible connaissance des langues anciennes, s'habituent si facilement à leur construction, peut-on raisonnablement croire qu'elles aient causé le moindre embarras à ceux qui, dès leur enfance, étaient habitués à penser et à parler dans ces langues ?

Nous avons dit que les langues modernes se relâchaient, pour la poésie, de leur sévérité ; mais nous n'avons pas voulu donner à entendre qu'ici même la liberté fut sans bornes. On pourrait encore avancer qu'elle est très limitée, en comparaison de celle dont jouissent les langues anciennes. Le français surtout exige qu'on fasse usage de cette licence avec une grande sobriété , et l'italien est de toutes les langues modernes celle qui permet le plus d'inversions ; aussi s'expose t-elle quelquefois au reproche d'obscurité.

Si la poésie n'était pas la langue de l'imagination , elle aurait été , sous le rapport des inversions , dans les langues modernes, renfermée dans des limites non moins étroites que la prose.

Il ne faut pas perdre de vue qu'il se trouve , dans la structure de toutes les langues modernes , une circonstance que nous avons déjà fait ressortir, et qui borne l'arrangement des mots à un ordre presque déterminé. Nous n'avons plus cette admirable variété de désinences qui, chez les anciens , distinguaient les cas et les nombres des noms, les temps et les modes des verbes , et qui indiquaient si bien la relation mutuelle des mots d'une même phrase , quelque soit l'ordre de ces mots. C'était en variant ainsi les terminaisons des noms et des verbes, et en marquant encore de la même manière la concordance et le régime, que les anciens, pouvaient impunément transposer les mots , et les ranger de manière à satisfaire l'imagination et à flatter l'oreille.

Tout mot est significatif.

La signification d'un mot est ou absolue ou relative.

Les mots qui ont une signification absolue , sont dits *principaux ;* ceux qui ont une signification seulement relative, se nomment *accessoires.*

La substance est ce qui , dans les choses , soutient et supporte les modifications et les propriétés qui affectent nos sens. Ainsi, *une feuille verte, feuille* est la substance, *verte,* le mode.

Les modes sont les manières d'être ou d'agir des substances.

— 91 —

Le mode ne saurait exister sans une substance qui lui
serve de base ou de sujet d'adhésion ; c'est pourquoi on
n'accorde au mode qu'une existance secondaire, dépen-
dante de la substance corrélative à la quelle on attribue
le privilége d'exister par soi-même.

D'un autre côté, aucune substance ne saurait exister
sans une manière d'être quelconque. Aucune substance
ne peut nous être connue qu'à la suite des manières
d'être et d'agir qui nous affectent. Toute manière d'être
ou d'agir suppose nécessairement ou révèle une substance.

Tous les êtres étant substance ou attribut, il s'ensuit
que les mots principaux sont nécessairement compris
sous l'une de ces divisions.

Significatifs de substances, on les appelle *substantifs* ;
significatifs d'attributs, on les appelle *attributifs*.

Les mots significatifs *accessoires*, joints à un seul mot,
en déterminent le sens et sont appelés *définitifs* ; joints
à plusieurs mots, ils déterminent l'union de ces mots
entr'eux, et s'appellent *connectifs*.

Malgré la différence qui peut exister entre les mots,
on les comprend tous sous ces quatre divisions : *substantifs, attributifs, définitifs*, et *connectifs*, ou, si on le pré-
fère, *noms, verbes, articles* et *conjonctions*.

Voilà les seules et véritables parties du discours. Quant
aux pronoms, aux prépositions et aux adverbes, ils
rentrent dans l'une ou l'autre de ces divisions.

Le pronom appartient naturellement à la classe des
substantifs, quand il est personnel ; dans tous les autres
cas il rentre dans la classe des attributifs ou dans celle
des définitifs. La préposition, le participe et l'adverbe
sont de véritables attributifs.

CHAPITRE IX.

ANALOGIE ENTRE LES PRINCIPES GÉNÉRAUX DES LANGUES.

SUBSTANTIFS.

Il y a beaucoup d'art , dit le docteur Blaïr , dans la structure du langage , et la grammaire suppose une logique très exercée.

Non seulement toutes les langues ont les mêmes parties du discours , mais les principes qui régissent ces parties identiques, se montrent encore partout les mêmes.

On sait que cette admirable analogie vient de ce que les hommes en formant et en perfectionnant les langues primitives , ont interrogé la nature et l'ont prise pour guide. Ainsi, nous avons établi , dans le chapitre précédent, que toutes les langues reconnaissaient des *substantifs* , des *attributifs* , des *définitifs* et des *connectifs* , et nous avons dit qu'il n'y avait plus rien au-delà de cette division.

Il y a plusieurs sortes de substances.

Les unes sont l'œuvre de la nature , comme : *chêne* , *homme* , *végétal*.

D'autres sont le produit de la combinaison des matériaux que nous fournit la nature , comme : un *palais* , une *montre* , un *canon*.

.D'autres encore sont les attributs , considérés, par un effort de notre esprit , séparément des sujets qui les possèdent , comme la *blancheur* , la *bonté*.

Les premières se nomment substances *naturelles* ; les secondes, substances *artificielles* ; les dernières, substances *abstraites*.

L'abstraction consiste à généraliser l'expression des observations faites sur les objets singuliers : *le tout est plus grand que sa partie ; l'homme est sensible.*

Elle consiste encore à diviser un objet par la pensée, pour en considérer séparément les parties, les attributs. *Ne voir dans les corps que les lignes , que les surfaces simples.*

Pour mieux saisir ce que c'est que l'abstraction , il faut savoir ce que signifient les mots , *individu* , *espèce*, *genre* , qui représentent les produits de la faculté d'abstraire.

La nature n'ayant créé que des individus , l'homme n'eut d'abord que des idées individuelles, et sa langue ne fut composée que d'un petit nombre de noms propres. Mais bientôt , par nécessité, ou par le seul entraînement de son esprit, si prompt à comparer et à juger, il s'éleva des idées individuelles aux idées d'espèces , de celles-ci aux idées de genres , se formant ainsi l'idée du pluriel , et établissant des classifications entre les êtres de même nature, à chacun des quels il ne pouvait donner un nom propre.

Les idées d'espèces et de genres constituent les idées générales. Elles sont arrivées à l'esprit presque sans efforts et par suite des comparaisons les plus simples et les plus naturelles. Les enfans eux-mêmes pratiquent cette opération dans leurs premières sensations , pour apprendre à parler.

Le genre est compris tout entier dans chacune des espèces subordonnées, et l'espèce est comprise dans chacun des individus qui la composent ; ainsi , le cheval a toutes les qualités de l'animal, et Pierre a toutes les qualités de l'homme.

Les mots sont assujettis à la nature des choses dont ils sont les signes ; ceux qui signifient des genres ou des espèces, admettent toujours la distinction des nombres, distinction qui n'est applicable que d'une manière toute restreinte aux mots qui représentent les individus.

Voici quelques cas où les mots qui sont signes d'individus , peuvent recevoir le pluriel :

1º Les individus d'une nation sont tellement nombreux que le même nom peut-être donné à plusieurs.

2º Le nom de famille s'étend à tous les individus qui la composent.

3º La célébrité de quelques hommes fait que l'on donne quelquefois leur nom à ceux qui se distinguent par les mêmes qualités.

Plusieurs langues ont trois nombres , mais la plupart n'en connaissent que deux , le singulier et le pluriel. Le duel est simplement destiné à représenter deux unités. Le duel est-il un caprice du langage , ou un moyen de variété, ou n'a t-il été imaginé d'abord que dans les langues qui ne connaissaient pas les expressions numériques, et qui se bornaient à trois, *un* , *deux*, *plusieurs* ou *beaucoup* ? C'est ce qu'il est impossible de décider.

Le genre , dans les substantifs n'est fondé que sur la distinction des sexes.

Toute substance est mâle ou femelle , ou n'est ni l'un ni l'autre. La distinction des trois genres , admise par un grand nombre de langues , est donc fondée sur la nature même des choses. Il semblerait dit Harris , qu'on

a voulu donner le genre masculin à tous les objets re-
marquables par leur force, leur grandeur ou leur influence ; et le genre féminin aux objets qui produisent,
qui sont d'une nature moins active, qui sont beaux et
aimables et ont quelque rapport avec le caractère des
femmes. Ainsi, ajoute-t-il, en anglais, le soleil est du
masculin et la lune du féminin ; en français, en grec, en
latin, le ciel est du masculin, comme étant la source des
pluies qui imprègnent la terre, et la terre considérée
comme la nourrice et la mère des êtres qui l'habitent, est
du genre féminin. En latin et en grec, *navire, ville, patrie*
sont du féminin, parce qu'on les considère comme contenant et nourrissant leurs habitans. Le temps est mis par
les Grecs au genre masculin, en raison de sa puissance
incontestable sur tous les objets qui nous entourent. Le
sommeil, la mort, en grec, appartiennent au même
genre par des motifs à peu près semblables. Cette remarque du savant Harris n'est pas applicable à toutes les
langues ; car, pour le premier exemple, c'est précisément le contraire en allemand. Cette formation des genres
a quelque chose qui frappe et qui plaît : on y retrouve
les analogies dans ce qu'elles ont de plus agréable, mais
on ne doit l'admettre qu'avec une extrême réserve, tant
elle est douteuse pour l'anglais, et contrariée par d'autres langues.

Ce que nous appelons communément *pronom personnel*
doit être considéré comme appartenant à la classe des
substantifs. En effet, les mots connus sous ce nom, ne
reçoivent cette dénomination que parce que, dans le
discours, ils tiennent toujours la place des noms.

Quand deux personnes qui ne se connaissent point, se
rencontrent et s'entretiennent, comment se feront elles
connaître réciproquement l'une à l'autre ? Est-ce en dé-

signant chacune son nom propre ? Mais, cette précaution serait inutile, puisque ce nom leur est inconnu. Dans le principe, le premier expédient qu'on aura trouvé, en pareille occasion, aura été probablement de désigner avec le doigt ou la main, langage d'action dont on peut encore fréquemment observer les traces dans le discours, et qu'il est bien naturel d'employer en parlant. Mais les inventeurs des langues ne s'en contentèrent pas, et ils créèrent une espèce de mots pour suppléer à cette indication du doigt. Ces mots tenant toujours la place des noms, on leur a donné le nom de pronoms, et on les a divisés en trois espèces différentes, suivant qu'ils devaient représenter une substance parlante, ou une substance à qui on parlerait, ou enfin une substance de qui on parlerait.

Ainsi, ils ont désigné le pronom *je* pour représenter la première personne ; et comme la personne qui parle, se considère toujours principalement dans son discours, la personne *je* a été réputée comme pronom de la première personne.

De la même manière on a inventé le pronom *tu* pour représenter la seconde personne, c'est-à-dire celle à qui la parole est adressée ; et enfin, pour désigner le sujet de la conversation, lorsque ce sujet n'est ni celui qui parle, ni celui à qui on parle, on a imaginé un autre pronom *il* qu'on appelle de la troisième personne, pour le distinguer des deux autres.

Chacun de ces pronoms peut facilement prendre le nombre, mais il ne paraît pas que ceux des deux premières personnes aient jamais, dans aucune langue, été subordonnés au genre, parce que les interlocuteurs étant toujours en présence l'un de l'autre, il eut été inutile d'indiquer leur genre par quelque moyen artificiel. Quant à la troisième personne , elle subit les genres dans un grand nombre de langues , parce que ses caractères distinctifs , sans excepter celui du sexe , ne nous sont souvent connus que par ce que le discours nous apprend.

On peut facilement reconnaître qu'un seul mot suffit pour désigner chacune des deux premières personnes qui sont toujours en présence ; mais les mots qui désignent la troisième personne , doivent être variés, parce que, quand on emploie le pronom de la troisième personne, on a des rapports nombreux et divers à exprimer, ou de proximité ou d'éloignement , ou de présence ou d'absence , ou d'identité ou de différence ; aussi a t-on imaginé les mots *il, celui-ci, celui là , l'un, l'autre , chaque , quelque* etc.

Nous faisons observer que tous ces mots ne peuvent être considérés comme des substantifs de second ordre , ou plutôt comme substituts des substantifs principaux que quand on les emploie seuls, et à la place de quelques noms , comme quand nous disons d'un général , *celui là est habile autant que vaillant* , ou quand nous les accompagnons d'un geste démonstratif , comme , *donnez moi celui-ci*. Mais s'ils sont joints à quelques noms, il faut nécessairement les placer dans la classe des *déterminatifs*, parce que, dans ce cas , ils servent seulement à modifier le nom qu'ils accompagnent.

Il existe une sorte de pronom qui peut marcher sur la même ligne que les trois pronoms personnels ; c'est celui qu'on appelle *relatif*. Ce pronom , comme les pronoms personnels , ne peut pas de lui même exciter une idée dans l'esprit , mais il sert à unir une idée à une autre qui précède. On peut le substituer à toutes sortes de substantifs, même aux pronoms personnels; car on peut dire, *moi qui pense , toi qui écris , lui qui marche.*

Nous l'appellerons *subjonctif*, et nous dirons qu'il est véritablement un pronom, puisqu'il n'y a pas de substantif à la place duquel il ne puisse être mis. Il diffère en même temps essentiellement des autres pronoms par sa propriété toute particulière d'être substitué avec l'idée de conjonction.

Ainsi tous les substantifs sont ou *noms* ou *pronoms*.

Les noms désignent les substances quelles qu'elles soient, et les pronoms sont substitués à la place des noms, quelquefois même avec la propriété et la force d'une conjonction.

Le pronom, pris dans sa destination primitive, est toujours employé seul et mis à la place d'un nom, tandis que comme déterminatif ou article, il est toujours accompagné de quelque nom qui lui sert en quelque sorte de soutien.

Nous traiterons des mots improprement appelés pronoms, quand nous serons arrivés à l'article qui ne doit venir qu'après l'adjectif.

Les objets ont entre eux de nombreuses relations. Pour exprimer les plus simples de ces relations, les plus communes, on a, dans la plupart des langues, imaginé les cas. Les relations saisies entre les objets étant, avec le temps, devenues trop nombreuses, il n'a plus été possible de donner à chacune d'elles un cas, une désinence particulière ; alors on a eu recours à une nouvelle partie du discours, à laquelle on a donné le nom de *préposition*. Cette nouvelle partie du discours n'a donc pas d'abord été indispensable ; elle l'est seulement devenue avec le perfectionnement du langage, et a été admise dans toutes les langues.

Plusieurs grammairiens pensent cependant que l'usage de la préposition, pour exprimer les relations, a précédé celui des cas. Cette opinion paraît érronée. l'usage des cas ayant dû se présenter à l'esprit bien plus naturellement que celui des prépositions qui, séparées du mot, ne signifient absolument rien. Ensuite, on retronve les cas dans toutes les langues qui passent pour être primitives. D'ailleurs avec les prépositions, on ne peut saisir les relations que d'une manière abstraite, et il est bien plus simple et plus naturel de penser que les relations primitives ont été d'abord établies par la seule variation de la désinence du mot essentiel.

Presque toutes les langues modernes se sont affranchies de l'usage des cas. Par là, elles sont incontestablement devenues plus faciles, et elles ont été soumises à un nombre de règles moins considérable ; mais par l'usage trop fréquent des prépositions, n'a t-on pas donné de la mollesse au style, en l'allongeant outre mesure, et n'a t-on pas fait à l'oreille une part plus mince, en la privant de cette séduisante variété de sons qui la flattent et qui jettent plus de douceur sur le langage. N'est-ce pas encore à cette suppression des cas qu'est due en partie la pauvreté des langues modernes, sous le rapport de l'inversion qui donne tant d'harmonie et d'énergie au discours?

ATTRIBUTIFS.

Avant d'examiner les qualités plus ou moins nombreuses d'un être, il faut que cet être ait une qualité essentielle, qualité sans laquelle il ne serait susceptible d'aucune modification, il faut qu'il existe.

L'existence est en effet le genre le plus éloigné, le genre le plus universel, auquel peuvent être rapportés tous les êtres et dans tous les instans.

Les mots qui expriment l'existence avec toutes les modifications de tems, doivent donc passer avant tous ceux qui expriment des attributs moins essentiels et moins généraux. Les verbes arrivent donc naturellement avant les adjectifs et les participes qui, avec les adverbes, forment les attributifs.

Toutes les fois que nous parlons, c'est uniquement pour annoncer qu'une chose est ou n'est pas ; c'est donc affirmer.

Il n'existe pas une phrase qui ne renferme une affirmation, c'est-à-dire sans un verbe. Le verbe est donc une affirmation. Les verbes *être*, *devenir* etc., ne sont employés que pour exprimer l'existence, c'est-à-dire, le genre universel ; nous les appelons verbes *substantifs* ou *d'existence*.

A la rigueur, on pourrait n'employer que le verbe *être* ; il suffirait, dans toutes les langues, pour prononcer toutes les affirmations. Il est même probable qu'il a longtemps dominé dans l'usage, et que les verbes attributifs ne sont venus que pour polir le langage, et lui donner des formes plus belles et plus riches.

Le verbe *être* est donc le mot par excellence, puisqu'il est dans le discours le mot indispensable ; ce verbe est aussi appelé verbe *philosophique*, tandis que tous les autres sont *attributifs*, parce qu'ils tiennent beaucoup de l'adjectif, c'est-à-dire, parce qu'ils renferment en eux même un attribut.

Ou le verbe *être* exprime l'existence d'une manière absolue, comme, *le monde est*, ou d'une manière modifiée, comme, *Cicéron est éloquent*. Dans ce dernier cas, il faut toujours que se joigne à ce verbe la forme particulière de l'attribut.

Ainsi, quand il affirme simplement l'existence d'une manière absolue, il ne renferme que l'affirmation ; et c'est pour cela qu'il se trouve réellement contenu dans tous les verbes appelés attributifs , parce qu'il exprime l'affirmation qui fait partie de leur essence : *il boit , il est buvant ; il écrit , il est écrivant.*

Il y a dans la nature des objets immuables et des objets variables. Tout ce qui affecte nos sens est variable et existe dans le temps : tout ce qui a rapport à l'intelligence et à la science est invariable.

Tous les objets variables , existant dans le tems , admettent naturellement les différentes distinctions de *présent , passé* et *futur.*

Au contraire, les objets invariables n'admettent point ces distinctions, et se trouvent plutôt en opposition avec les choses temporaires. Ainsi , quand nous disons *Dieu est*, le verbe n'a pas la même signification que dans cette proposition , *ce palais est vieux.* Dans le premier cas, *est* exprime une existence absolue qui repousse toute modification de tems ; dans le second , *est* exprime une existence relative , que l'on peut comparer à une existence antérieure ou postérieure.

Les attributifs réunissent donc la double propriété d'exprimer , en même tems , un attribut et une affirmation, et, dans ce cas , on les nomme *verbes* ; ou, décomposant cette propriété , on considère l'attribut sans l'affirmation, et on a les *participes* ; ou enfin on ne considère que l'attribut , sans possibilité de liaison intime avec l'affirmation , et on forme les simples *adjectifs.*

Donc , tous les attributs sont verbes , participes , adjectifs ou adverbes.

On doit regarder comme une des plus grandes difficultés du langage la formation des verbes en personnes , en tems , en nombres et en modes. Il est bien probable que la première forme du verbe a été impersonnelle , forme simple et se bornant à affirmer simplement une

action ou un état. Le docteur Schmidt qui partage cette
opinion, pense que l'idée des tems n'est venue qu'après
l'invention des pronoms ; erreur grave, si l'on considère
que l'idée des tems rentre tout à fait dans la nature, ce qui porte à penser qu'elle a dû accompagner la
forme impersonnelle.

C'est plutôt l'idée des personnes et des modes qui
n'est venue qu'après les pronoms.

La nature indiquait les trois grandes divisions du temps,
présent, *passé* et *futur* ; mais bientôt on sentit l'impossibilité de s'arrêter à cette division et on subdivisa les
temps en plusieurs parties, marquant avec habileté une
sorte de gradation qui, dans le passé, présentait les
choses comme plus ou moins achevées, et, dans l'avenir,
comme plus ou moins prochaines. Voilà comment s'expliquent ces prétérits et ces futurs, si variés dans les langues, et à l'aide desquels on exprime si bien toutes les
nuances, toutes les délicatesses de la pensée, suivant qu'il
s'agit du passé ou de l'avenir. Quant au présent, il est un
et invariable. La variété des temps passés et futurs prête
de l'élégance et de la vérité au langage, tout en le rendant plus net, plus précis, et en le dépouillant de toute
obscurité et de toute amphibologie.

Les grecs ont une grande variété de tems, surtout
pour le passé ; les latins en ont moins. En général, on
trouve presque partout un imparfait, désignant une action
non encore terminée ; un parfait proprement dit, représentant l'action comme venant d'être terminée; un aoriste,
représentant l'action comme terminée depuis un temps
indéfini ; enfin un plusque-parfait, ou plutôt un parfait
antérieur, exprimant une action terminée avant quelque
autre chose, elle même dans le temps passé.

Le futur n'a que deux formes ou modifications; l'une représente simplement une action future ; l'autre lie une action future à une autre action future elle-même.

Après les tems, basés uniquement sur l'idée de durée, viennent naturellement les voies, indiquant si l'action est faite ou soufferte.

Plusieurs langues admettent la voix moyenne ou réfléchie.

Viennent ensuite les modes, destinés à présenter l'affirmation sous les aspects les plus ordinaires.

Le mode indicatif énonce simplement une proposition, rappelant une action faite dans l'un des trois tems de la nature.

Le mode impératif menace ou commande.

Le mode subjonctif établit une affirmation ou une action sous réserve de condition ou comme subordonnée.

Quelques langues ont un conditionnel, mais c'est une superfluité, ce mode rentrant naturellement dans le subjonctif.

Enfin le mode infinitif qui ressemble beaucoup à un nom substantif, et qui, dans plusieurs langues, e t employé comme tel, exprime simplement un attribut, une action ou un état, sans modifications de nombre, de tems ou de personne.

Le participe est simplement un adjectif verbal qui, tout en exprimant le temps, indique un attribut, sans renfermer aucune affirmation.

La conjugaison si difficile et si essentielle dans toutes les langues, n'est rien autre chose que l'art d'exprimer l'affirmation, sous toutes les formes possibles, avec le secours du pronom.

Cette conjugaison est très compliquée et très artificielle : il n'est pas rare qu'un seul mot désigne la personne, l'attribut, l'action, l'affirmation, le tems, et quelquefois même une condition de l'action, comme dans *j'ai-*

merais, en latin, *amarem.* Le verbe ne subit pas les mêmes variations dans toutes les langues , ou plutôt toutes les langues n'ont pas accordé aux verbes la même richesse de significations et d'idées. Les unes sont obligées , par la pauvreté de leurs désinences , de se servir du pronom : les autres rejettent ce concours , et se contentent de faire varier les syllabes finales , non seulement pour rendre l'idée des personnes, des tems , des nombres des modes et des voix , mais encore pour exprimer certaines idées accessoires qui viennent se grouper autour de l'idée principale.

Les langues orientales les plus anciennes présentent surtout ce caractère et expriment souvent par un seul mot une grande variété de circonstances qui entourent l'attribut ou l'action. En hébreu , par exemple , on dit sans auxiliaire et en un seul mot : *j'ai enseigné ,j'ai enseigné exactement , j'ai reçu ordre d'enseigner.*

La langue grecque est la plus complète et la plus régulière dans la conjugaison : le latin l'est bien moins , surtout dans la voix passive , où il faut faire un si fréquent usage de l'auxiliaire.

La conjugaison française est moins riche , moins variée , moins expressive que celle de la plupart des langues anciennes.

On distingue quatre sortes de verbes, l'actif, le passif, le réfléchi et le neutre.

Toute action suppose deux agens , l'un actif , l'autre passif. Si une proposition commence par l'agent, le verbe est actif; si , au contraire , l'objet est le premier terme de la proposition , le verbe est passif.

Si toute l'action subsiste dans l'agent, sans en rien faire passer à aucun objet du dehors, le verbe devient neutre.

Le verbe neutre laisse toujours entrevoir l'objet passif

dans l'agent, ce qui n'a pas lieu dans les autres verbes, et, en cela, il ressemble au verbe moyen. Voilà pourquoi on n'exprime pas l'objet avec les verbes neutres, comme avec les autres verbes, et pourquoi encore le verbe neutre ne demande jamais un accusatif que le verbe actif réclame toujours.

Le verbe réfléchi ou moyen n'est pas indispensable; beaucoup de langues l'ont proscrit : il ne reste donc réellement que trois sortes de verbes, l'actif, le passif et le neutre.

Nous avons dit que le participe n'était qu'un adjectif verbal, c'est-à-dire, un adjectif exprimant une qualité et le temps sans aucune affirmation.

On voit qu'il ne diffère du verbe que parce qu'il ne renferme pas l'affirmation qui se trouve toujours dans le verbe, en même temps que l'attribut et le temps Ainsi *aimant* indique l'attribut et le temps aussi bien que *il aimera*, mais ce dernier temps renferme encore une affirmation qui ne se trouve certainement pas dans le participe, *aimant.*

L'Adjectif indique simplement l'attribut, sans l'idée de tems, comme le participe, et sans l'idée d'affirmation, comme le verbe.

Les adjectifs ne peuvent jamais être confondus avec les noms, puisqu'ils n'ont rien de l'essence qui constitue les objets. Ils forment donc une partie du discours bien distincte, malgré l'espèce de subordination dans laquelle ils sont vis-à-vis des substantifs, dont, dans la plus part des langues, ils prennent les genres, les nombres et les cas.

Si les adjectifs suivent ainsi la plupart des règles des substantifs, c'est que les qualités des objets sont souvent considérées non d'une manière abstraite, mais comme en quelque sorte inséparables du sujet. On peut ajouter que dans les langues qui se construisent, cette obligation d'accord était presque indispensable, parce que les substantifs et les adjectifs , placés souvent loin l'un de l'autre dans la phrase , avaient besoin d'un signe qui permît à l'esprit de les rapprocher sans effort et de saisir facilement leur rapport.

Tous les pronoms désignés sous le nom de *possessifs* ne sont que des adjectifs pronominaux.

Les qualités des substances sont susceptibles de divers degrès de plus ou de moins. Un objet peut posséder une qualité qui l'emporte sur la même qualité dans un autre objet, ce qui constitue une intensité relative ; mais encore un objet peut posséder une qualité telle qu'on n'en puisse point comprendre qui lui soient supérieure , telle est l'origine des degrès de comparaison qui ne pouvait être qu'au nombre de deux, l'un destiné à représenter l'excès simple , l'autre à marquer le superlatif.

La méthode grammaticale qui admet trois degrès de comparaison , est certainement contraire à la nature des choses ; car il n'y a pas de comparaison possible dans le possitif , et il y en a dans le superlatif comme dans le comparatif.

Il n'y a donc véritablement que des comparatifs , l'un simple , l'autre superlatif.

Il y a des adjectifs qui ne sont point susceptibles de recevoir les degrés de comparaison : ce sont ceux qui expriment une qualité essentielle qui résulte de la figure du corps , comme *circulaire* , *carré* etc , parce que les corps qui ont la même figure, l'ont tout au même degré. Il en est de même des adjectifs qui expriment des quantité finies , continues , discrètes , absolues ou relatives , comme *deux* , *trente* , *quadruple* etc. , car il n'y a pas de comparaison sans augmentation ou diminution , et les quantités finies n'en sont pas susceptibles. C'est pour ce motif que les substantifs n'admettent pas les degrés de comparaison , la quantité seule étant soumise au plus ou au moins, et, par conséquent , les degrès d'intensité ne pouvant être que dans les attributs.

Si nous observons que l'adverbe est presque toujours formé d'un autre mot , précédemment introduit dans le langage , et si nous reconnaissons , qu'avec une périphrase on pourrait aisément se passer de lui , nous conviendrons qu'il n'est pas dans le discours d'une indispensable nécessité , et quoiqu'on le trouve , même très fréquemment , dans toutes les langues , nous serons autorisés à croire qu'il n'a été inventé que pour donner plus de rapidité , peut être plus de netteté et de précision au discours.

En général l'adverbe sert à modifier quelque circonstance d'une action ou d'une qualité, relative ou au temps, ou à l'ordre , ou à tout autre propriété qu'on désire spécifier. Il est donc rangé avec raison dans la classe des attributifs , et on pourrait l'appeler *attribut d'attribut.*

Il y a des adverbes de quantité , *peu* , *beaucoup* , *une fois* , *deux fois* etc., des adverbes de comparaison, *plus* , *moins* , *également* etc; des adverbes de qualité , *chastement* , *prudemment* etc; des adverbes de lieu , *ici* , *là* , *près* etc ; des adverbes de temps, *alors*, *après*, *dernièrement* etc ; des adverbes d'interrogations , *où, d'où, comment.*

Les adverbes de quantité, de comparaison et de quantité sont communs à tous les verbes , ceux de lieu et de temps ne sont propres qu'aux verbes qui expriment le mouvement.

Tous les adverbes sont considérés comme attributifs de second ordre.

Ces attributifs de second ordre ont reçu le nom d'*adverbes* parce qu'ils expriment une partie du discours qui est l'accessoire naturel du verbe. Cette dépendance est tellement nécessaire qu'un adverbe ne peut pas plus subsister sans un verbe qu'un verbe sans substantif.

On pourrait s'étonner de trouver des adverbes de temps, quand les verbes ont des formes temporelles si variées. Cet étonnement cessera, si l'on réfléchit sur l'impossibilité de donner aux verbes une forme régulière, capable d'exprimer toutes les nuances dont le tems est susceptible.

DÉFINITIFS.

Il y a deux sortes de définitifs, les articles proprement dits, tels que *le la, les, un, une,* et les articles pronominaux, *ce, celui, quelque, chaque, autre, tant, aucun*, etc.

L'article *le, la,* rappelle à l'esprit un objet déjà connu ; *un, une,* un objet en présence du quel on se trouve pour la première fois.

Si un homme a pénétré dans une maison pour y voler, je dis en le voyant, *voilà un voleur* ; s'il revient dans le même but, le lendemain, je dis, *voilà le voleur.*

Ainsi, par le simple changement de l'article, l'individu que je désignais d'abord d'une manière vague, est maintnant présenté comme connu.

Un n'en est pas moins un article, aussi bien que *le* ; tous deux sont des définitifs en ce qu'ils réduisent souvent les genres et les espèces à n'exprimer que des individus ; mais dans ce cas même l'article *un* laisse l'individu indéterminé, tandis que l'article *le* détermine cet individu.

L'article *le* comporte donc plus de précision que l'article *un.*

Quand il arrive , dit Apollonius , que les choses sont
entendues indéfiniment , il ne faut que les faire précé-
der de l'article pour les déterminer relativement à la
personne.

La force de l'article consiste donc à montrer et à distinguer de tout autre l'objet dont on veut parler. *Un*
marque simplement un individu dans l'espèce, tandis que
le marque dans l'espèce un individu connu et déterminé.

Les articles sont d'un grand avantage dans le discours
cependant plusieurs langues n'en font pas usage. Les
Grecs n'ont que l'article *le* , et ils suppléent au défaut de
l'article *un* en supprimant le premier ; alors la phrase
prend un sens moins déterminé.

Les Latins n'ont pas d'articles proprement dits. C'est
un défaut, ce mot, employé à propos , donnant toujours
de la précision et de la clarté au discours.

Pour exemple de ce que nous avançons , supposons
qu'on dise à quelqu'un , *tu es un homme* , il n'y a rien là
qui puisse offenser ; mais si dans telle ou telle circonstance , on dit à la même personne , *tu es l'homme* , il y a
dans cette tournure nouvelle de quoi jeter dans l'esprit
la colère , la frayeur ou le remords.

Les articles, dit Apollonius , cet habile grammairien,
ont la propriété de marquer un rapport, ou de représenter les personnes comme étant celles dont il a déjà été
fait mention. Plus loin, il dit : l'article indique une connaissance antécédente.

Quelquefois l'article a la propriété d'individualiser l'adjectif même et de l'assimiler au nom propre ; et de même
que, quand deux individus portent le même nom , pour
les bien distinguer , on donne à l'un d'eux , même à tous
deux , une épithète qui rappelle une qualité dominante;
de même, quand une même épithète est affectée à plusieurs

individus, en sorte que le même adjectif peut-être rapporté à plusieurs substantifs, on place un article devant l'adjectif, pour lui donner la force d'exprimer un rapport à un individu unique.

Enfin, il arrive souvent qu'à l'aide d'un article les noms communs acquièrent la force de noms propres, sans le secours d'un attributif. Ainsi, chez les Romains, *la ville* signifie Rome, *l'orateur* Cicéron. L'article, d'après ces exemples, quoique n'étant d'abord que le signe d'un simple rapport, marque cependant quelquefois une sorte de supériorité, et c'est ainsi qu'à la propriété d'exprimer une connaissance déjà acquise, il joint celle de désigner une notariété générale et universelle.

Les mots qui s'associent naturellement aux articles sont ceux qui ont besoin d'être modifiés, ce sont les noms communs. En prenant un article, ils font connaître un individu comme l'objet d'une première perception, ou comme l'objet d'une reconnaissance, d'une perception qui se renouvelle.

Viennent maintenant les articles pronominaux.

Ces pronoms, *celui*, *cette, celui-là, celle-là, chaque, autre, certain, tout, aucun* ont, comme ceux dont nous venons de parler, pour propriété essentielle de déterminer les noms. C'est donc à tort que les grammairiens les classent parmi les pronoms, quoique, dans certains cas rares, ils puissent cependant être employés comme tels. Quelques exemples suffiront pour le prouver.

Cet homme est généreux, mais celui-ci est lâche.

Dans cette phrase, *cet* et *celui-ci* font ils autre chose que de désigner deux individus, qui sont à inégale distance de nous ?

Quelques soldats sont indisciplinés, mais tous sont courageux.

Quelques et *tous* déterminent ici une universalité et une particularité qui, sans ces mots, seraient indéfinies.

Certains hommes sont avares , d'autres sont prodigues.

Certains indique ici une portion déterminée , *d'autres* indique ce qui reste, quand on a enlevé une partie.[1]

Le latin ne fait pas usage de l'article proprement dit , mais il emploie très fréquemment les articles pronominaux qui lui en tiennent lieu.

« Notre langue , dit Quintilien , n'a pas besoin d'articles , c'est pourquoi ils sont confondus avec les autres parties de l'oraison. »

Scaliger dit : « Il est évident que la langue latine n'a pas négligé l'usage des articles , mais elle les regarde comme inutiles. »

On ne saurait douter dit Thurot, traducteur de l'*Hermis,* que , dans certains cas, les langues qui ont des articles , ne l'emportent sur celles qui en sont dépourvues, pour la clarté et la précision ; mais il faut avouer aussi que souvent la langue française les prodigue jusqu'à la satiété , et cet attirail d'articles et de prépositions qui accompagnent presque tous nos mots, rend la marche du discours nécessairement traînante et pénible dans bien des circonstances. Dans le style familier , où on se permet de les supprimer quelquefois , nous ne croyons pas que cela nuise à la clarté, tandis que l'expression y gagne souvent du côté de la grâce et de la vivacité.

La Fontaine en offre une infinité d'exemples.

> Est-ce la mode
> Que baudet aille à l'aise , et meunier s'incommode ?
> Bon appetit surtout , Renards n'en manquent point.

Dans la plupart des proverbes et des façons de parler populaires , comme dans ces phrases ,

> Pauvreté n'est pas vice.

Contentement passé richesse.
Plus fait douceur que violence.

qu'on essaye de mettre des articles, et l'on verra comme elles perdront de leur énergie, comme elles paraîtront traînantes et embarassées, sans être plus claires. C'est que l'homme du peuple, dont la langue n'est pas arrêtée par le respect superstitueux de l'usage qui enchaîne la plume de l'écrivain, exprime vivement et clairement ce qu'il sent et ce qu'il pense, et que l'écrivain n'est pas toujours assez hardi pour s'élever à ce degré de raison et de noble simplicité.

CONNECTIFS.

Les connectifs sont ou *conjonctifs* ou *prépositifs*.

Prépositifs, quand ils unissent simplement les mots; *conjonctifs*, quand ils servent à la liaison des idées entre elles.

Les *prépositifs* sont ainsi appelés, parce qu'ils se mettent toujours devant le mot qu'ils doivent unir à un autre.

Les *conjonctifs* tirent leur nom du rôle qu'ils jouent dans la phrase dont ils unissent les parties.

Voici les diverses définitions de la conjonction, adoptées par les grammairiens :

Harris dit que c'est une partie du discours qui, par elle-même, n'exprime pas d'idée, mais qui sert à modifier la proposition en faisant une seule proposition significative, de deux ou plusieurs propositions également significatives.

Sanctius définit la conjonction une partie du discours qui sert à lier les propositions entre elles.

Avant Sanctius, Sealiger avait semblablement défini la conjonction.

Appollonius regarde la conjonction comme servant à unir les propositions et non les mots.

Aristote dit que c'est un mot non significatif , dont la nature est de réunir plusieurs mots significatifs, en sorte qu'ils fassent une pensée unique. Dans un autre passage de sa rhétorique , Aristote dit encore que la conjonction a la propriété de réunir plusieurs choses en une, en sorte que si on la supprime , une seule proposition paraîtra en contenir plusieurs. Voici l'exemple qu'il cite : *j'arrive , je me présente . je le supplie* ; ici se trouvent trois propositions , résultant de la suppression de la conjonction exprimée dans celle-ci : *car en arrivant, je me présentai et je le suppliai*.

D'après cette définition , la conjonction ne sert donc pas , comme le disent la plupart des grammairiens modernes , à unir les simples parties du discours , mais à lier les propositions entre elles.

Les conjonctions qui unissent les propositions , peuvent unir ou ne pas unir les pensées que renferment ces propositions.

Les conjonctions qui unissent les propositions et les pensées , sont dites *copulatives*.

Celles qui unissent les propositions sans unir les pensées , sont dites *disjonctives*.

On distingue deux sortes de *copulatives*.

Les unes sont *copulatives* proprement dites, les autres sont *continuatives*.

Les *copulatives simples* servent de lien à deux propositions et s'appliquent à tous les sujets qui , par leur nature , ne sont pas incompatibles.

Les *continuatives*, au contraire, lient les propositions , de manière à en faire un tout contenu, et ne s'appliquent qu'aux sujets qui coïncident essentiellement.

8

La principale copulative simple est *et*.

Les *copulatives continuatives* sont *si*, *parce que*, *c'est pourquoi*, *afin que*.

Cicéron était un orateur et Virgile un poète. Voilà un exemple de la copulative simple unissant deux propositions. On voit que ces deux propositions ne pourraient être unies par aucune des continuatives précitées.

Vous serez loué, parce que vous êtes vertueux. Voilà un exemple de la conjonction continuative, unissant deux propositions, qui ne pourraient l'être par une copulative simple, sans perdre une partie de leur sens.

Les *continuatives* sont ou *suppositives* comme *si*, ou *positives*, comme, *en conséquence, parce que*, *comme* etc.

Vous serez heureux, si vous êtes sage.

Vous êtes heureux, parceque vous êtes sage.

Les *suppositives* n'annoncent pas avec la liaison une existence actuelle, quoique possible ou prochaine, tandis que les *positives* annoncent l'une et l'autre à la fois.

Les *positives* dont nous venons de parler, sont encore *causales*, *puisque*, *comme*, *parceque*, ou *collectives*, *en conséquence*, *c'est pourquoi*, *donc* etc.

Les *causales* indiquent la liaison de la cause à l'effet.

Les *collectives* indiquent la liaison de l'effet à la cause.

Vous êtes malheureux, parceque vous vivez dans l'oisiveté.

Vous vivez dans l'oisiveté, donc vous serez malheureux.

Toutes les *continuatives* peuvent être remplacées par des *copulatives simples*; ainsi, au lieu de dire; *il est malheureux, parce qu'il vit dans l'oisiveté*, on peut dire: *il vit dans l'oisiveté et il est malheureux*.

Ainsi les conjonctives qui lient à la fois les propositions et les idées qu'elles renferment, sont *copulatives simples* ou *continuatives*; les *continuatives* sont *suppositives* ou *positives*; et les *positives* sont *causales* ou *collectives*.

Nous avons dit que les *coujonctives disjonctives* divisaient le sens tout en unissant les propositions.

Les unes sont *simples* , les autres *adversatives*.

Simples , comme : *il est innocent, ou il est coupable.*

Adversatives, comme : *il n'est pas jour, mais il est nuit.*

Les *simples* ne font que diviser le sens, les *adversatives* le divisent avec une idée implicite d'opposition.

Les *simples* sont *indéfinies* , les *adversatives* sont *définies* , comme on peut le voir dans les exemples précités.

Enfin , les *adversatives* sont *absolues* , *comparatives* , *suffisantes* ou *insuffisantes*.

Absolues , lorsqu'il y a opposition du même attribut dans différens sujets , comme :

Pierre était brave , mais Paul ne l'était pas.

Lorsqu'il y a opposition de différens attributs dans le sujet , comme :

Pierre est fort , mais il n'est pas brave.

Les *adversatives comparatives* ne marquent pas seulement l'opposition , elles indiquent encore l'égalité ou l'excès dont la connaissance résulte de la comparaison des objets : *Cicéron était plus éloquent que César.*

Les *adversatives sont insuffisantes* , lorsque la cause est inégale à l'effet qu'elle doit produire , comme :

La bataille a été perdue , quoique Napoléon commandât.

Enfin , elles sont *suffisantes*, lorsque la cause est proportionnée à l'effet qu'elle doit produire , comme :

Vous perdrez la bataille, à moins que Napoléon ne commande.

Ainsi les *disjonctives* , c'est-à-dire celles qui lient les propositions en divisant le sens, sont ou *simples* ou *adversatives* , et les *adversatives* , sont ou *absolues*, ou *comparatives*, ou *suffisantes* et *insuffisantes*.

La *préposition* unit des mots qui expriment des idées sans s'unir naturellement et d'eux mêmes.

Elle indique ordinairement la relation d'un nom substantif à un autre, comme : *de* , *par* , *à* , *sur*, *sans* etc.

Les mots significatifs qui s'unissent d'eux mêmes , et sans aucuns secours étrangers , sont ceux qui expriment des substances et des qualités , ou des agens et des actions. Cette union semble commandée par la nature même , où tout est si admirablement uni ; et la liaison des choses physiques a servi de modèle à celle des choses intellectuelles.

Les *prépositions* , sans rien changer à la nature des propositions , sans même gêner l'ordre et la place que les mots occupent dans la phrase , ajoutent aux propositions des substantifs qui , sans elles , ne pourraient pas s'y unir , comme *Napoléon a vaincu l'Europe : Napoléon, par sa valeur et sa science militaire , a vaincu l'Europe coalisée contre lui*.

Il est bien probable que les *prépositions* ont été employées , dans le principe , pour indiquer uniquement des rapports de lieu et de situation , toujours en s'attachant aux grandes relations de situation et de lieu qui existent entre les substances de la nature. Mais, avec le temps , on les a étendues aux sujets immatériels, et elles ont fini par exprimer les rapports intellectuels aussi bien que ceux de la matière.

Ainsi , passant des choses sensibles aux choses immatérielles , *sur* et *sans* sont devenus des signes de commandement et d'obéissance.

Ainsi on a dit , *avec colère , sans impatience , dans le désordre* etc.

Il est facile de voir par là , qu'au fur et à mesure que l'intelligence fit des progrès , et que les idées abstraites furent en honneur , on adopta les mots dont on s'était d'abord servi pour la liaison des objets physiques , afin de désigner aussi la liaison des objets intellectuels, en leur donnant un sens tout métaphysique.

Les prépositions se placent ordinairement devant un mot dont elles ne font pas partie intégrante. Quelquefois cependant en les emploie par voie de composition, c'est-à-dire qu'elles font partie du mot qui les suit, comme, *surprendre*, *contredire*. Dans ce cas, elles communiquent aux mots aux quels elles sont unies, quelque chose de leur signification propre.

En général, les langues modernes n'ont point de cas et y suppléent par des prépositions. On est donc obligé de recourir à des périphrases, pour rendre la valeur du cas qui se retrouve dans toutes les langues primitives : *rosæ*, de la rose ou à la rose, suivant que ce mot est au génitif ou au datif.

Dans les langues modernes, l'accusatif n'a pas besoin de préposition ; il est suffisamment connu par la place qu'il occupe dans la phrase.

Le vocatif est inconnu dans les langues modernes, et le latin seul admet l'ablatif qu'il unit à la préposition *a* ou *ab*, et qui d'ailleurs et très souvent semblable au datif.

Les grammairiens ne sont pas d'accord sur la nature du nominatif ; beaucoup ne le considèrent pas comme un cas, et ne reconnaissent que le génitif, le datif et l'accusatif. Tel était l'avis des Péripatéticiens, qui considéraient le nominatif, dans sa forme primitive, comme une ligne perpendiculaire, et les autres cas comme des lignes qui déviaient, ainsi que l'indique la figure ci-dessous.

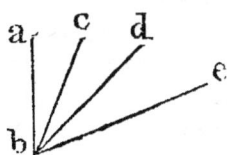

Ils considéraient les variations de terminaisons, à partir du nominatif, et ils appelaient ces variations *casûs*, *chûtes*, ou *cas*.

Les Stoïciens pensaient le contraire. Pour eux, le nominatif était aussi un cas, parce qu'ils considéraient les mots comme dérivant de l'entendement. Or, le mot produit ainsi dans sa forme primitive, ils l'appelaient *cas direct*, et c'était le nominatif. Les autres cas étaient appelés *cas indirects*. Ils nommaient *déclinaison* l'énumération des différens cas d'un nom, énumération qui n'est autre chose que la déviation progressive de la forme directe du nominatif, ou, si on l'aime mieux, la déclinaison de la ligne *ab* suivant les directions *bc*, *bd*, *be*.

Cette opinion nous paraissant plus conforme à la raison. nous reconnaîtrons quatre cas, *le nominatif, l'accusatif, le génitif et le datif.*

Le *nominatif* est un cas sans lequel il n'y a point de proposition parfaite et régulière : le *sujet* du logicien et le *substantif* du grammairien sont toujours désignés par ce cas.

L'accusatif est le cas qui ajoute à un nominatif efficient, ou à un verbe d'action, l'effet ou l'objet passif.

Parmi les diverses relations que les prépositions expriment entre les substantifs, on en remarque deux principales : l'une est l'origine d'une chose quelconque, l'autre son terme. C'est le génitif et le datif, exprimant, l'un, toutes les relations qui partent de lui-même, l'autre, toutes les relations qui tendent à lui-même.

Les cas, ainsi que nous l'avons dit plus haut, doivent leur origine à la nécessité d'exprimer les rapports entre les idées. Ces rapports, même leurs nuances, se multiplièrent tellement à mesure que les langues se perfectionnèrent qu'il fallut renoncer à les rendre par des inflexions diverses données aux mêmes mots, et on eut recours aux prépositions, qui ne sont que les signes des rapports qui existent ou que nous supposons exister entre les choses.

Nous ne plaçons pas l'interjection au nombre des parties du discours; destinée à exprimer les mouvemens de l'âme , elle doit tout à la nature et rien aux efforts de l'art.

CHAPITRE X.

SENS PROPRE, SENS FIGURÉ DES MOTS.

>*≡*<

Il n'y a point de langue qui puisse suffire à exprimer la variété infinie des objets et des idées ; aucune n'est assez abondante pour qu'à chaque idée réponde un mot distinct. Pour abréger un travail qui aurait obligé de multiplier les mots à l'infini , et afin de soulager la mémoire , on employa , pour exprimer une idée nouvelle , un mot déjà attaché à une autre idée qui paraissait y avoir rapport. C'est ainsi que la préposition *dans* fut inventée dans l'origine pour exprimer une circonstance de lieu, *cet homme a été tué dans un bois* ; mais, dans la suite, on manqua de termes pour exprimer les relations des hommes avec certaines situations de fortune et d'esprit ; on crut appercevoir quelque ressemblance , quelque analogie entre ces situations et celles du corps , et on employa le mot *dans* pour exprimer la relation que les hommes ont avec elles , *dans l'état de santé , dans la joie , dans la tristesse , dans le doute , dans le danger, dans la sécurité.* Ici nous voyons clairement cette préposition *dans* prendre un sens figuré ; elle est détournée de son sens primitif , pour désigner quelque chose qui y a rapport , qui paraît y ressembler à quelque égard.

Il en est de même du mot *incendie, un violent incendie*

dévore son âme. Ce mot signifie au propre l'embrâsement d'une maison ou de tout autre objet ; mais comme les passions qui agitent notre âme, ressemblent assez aux flammes qui consument une maison, on a donné au mot *incendie* une signification détournée pour peindre le tumulte et les mouvemens désordonnés de l'âme. On pourrait faire la même observation sur le mot *dévorer* qui se trouve dans le phrase précédente.

Ces significations détournées, données aux mots, se nomment *tropes*, d'un mot grec qui signifie *tourner*.

Les tropes sont employés pour suppléer au défaut des mots propres ; mais si la stérilité du langage ou le défaut des mots propres est une des causes de l'usage des tropes, on peut dire hardiment qu'elle n'est ni la seule, ni la principale. Les premiers tropes ont été employés par l'imagination, par suite de l'influence qu'elle exerce sur le langage. La plupart des objets qui font impression sur nous, sont entourés de certaines circonstances, de certains accessoires qui frappent souvent plus notre imagination que l'objet principal. Ces circonstances, ces accessoires nous fournissent souvent des idées qui nous sont plus agréables, plus familières. Alors, nous nous arrêtons avec plaisir sur l'une d'elles, et au lieu du nom donné par l'usage à l'idée principale, nous recourons à celui de l'accessoire. Les tropes de cette nature sont bien plus l'œuvre de notre choix que de la nécessité, et les hommes à imagination vive en font un usage fréquent.

Ainsi, nous disons qu'un empire est *florissant*, que la voix de la conscience est *puissante*, lorsqu'il nous eut été très-facile d'employer des mots propres pour exprimer les mêmes pensées. C'est surtout quand les tropes sont le produit de l'imagination, que le discours acquiert de la force et de la vivacité.

Cicéron, dans son troisième livre du *Traité de l'orateur*, dit : L'usage d'employer les mots dans un sens
» figuré s'étend fort loin : c'est le besoin qui l'a fait naître
» par l'effet nécessaire de la pauvreté et des bornes du
» langage. Dans la suite le plaisir et l'agrément l'ont
» rendu commun. Comme les vêtemens ont été inventés
» pour préserver le corps du froid, et qu'ensuite on les
» a employés pour l'orner et lui donner de la dignité ;
» de même c'est par pauvreté qu'on a imaginé de donner
» aux mots un sens figuré, mais c'est par goût qu'on a fait
» un usage fréquent de ce procédé. »

S'il faut admettre cette double origine des tropes, on doit aussi reconnaître que les langues primitives ont dû en faire un bien fréquent usage, dans les premiers temps de leur formation. Alors le langage était borné, les mots propres peu nombreux et l'imagination avait naturellement une grande influence sur les pensées. Le langage devait donc abonder en tropes ; car les peuples grossiers sont d'autant plus disposés à l'admiration et à la surprise qu'ils sont plus ignorants et plus neufs, que tout les étonne, les effraye, produit sur eux une impression vive. Leur langage doit donc porter l'empreinte de leur génie. Aussi les savans voyageurs nous apprennent-ils que le langage des indigènes de l'Amérique est hardi, pittoresque, rempli de métaphores, offrant constamment des allusions claires et marquées aux qualités des objets sensibles.

Les tropes enrichissent le style et le rendent plus abondant : à leur aide, nous rendons mieux les nuances les plus délicates de nos pensées : sans eux aucune langue ne pourrait produire le même effet avec le seul secours des mots propres. Les tropes donnent aussi de la dignité au langage, souvent dégradé par l'usage des mots communs et trop familiers.

Ils procurent à l'esprit le plaisir de la contemplation simultanée de deux objets, l'idée principale qui est le sujet du discours, et l'idée accessoire qui lui donne une tournure figurée.

Enfin, ils présentent toujours l'objet sous un aspect plus clair. C'est là leur plus grand mérite , et c'est pour cela qu'on dit qu'ils éclairent toujours le sujet.

Cela posé, nous dirons que les figures , en général , sont le langage de l'imagination et des passions.

Il y en a deux sortes : les figures de *mots* qui appartiennent à la grammaire , et que l'on nomme ainsi , parce qu'elles disparaîtraient , si on changeait l'expression ; et les figures de *pensées* qui appartiennent à la rhétorique, et qui subsistent toujours , quelle que soit la manière dont on s'exprime , parce qu'elles sont indépendantes de l'expression et qu'elles tiennent uniquement à l'essence de la pensée.

Tous les tropes sont fondés sur les relations qui existent entre deux objets, relations qui permettent de substituer le nom de l'un à celui de l'autre. Ces relations , plus ou moins nombreuses, plus ou moins palpables , plus ou moins intimes , ont produit une foule de tropes dont les noms se gravent difficilement et inutilement dans la mémoire. Ce qui importe, c'est de bien les reconnaître et non de donner un nom particulier à chacune des nuances de relations qui se manifestent entre deux objets.

Aussi a t-on ramené les tropes à trois espèces principales qui établissent des relations , premièrement ,

De cause et d'effet.
De contenant et de contenu.
De signe et de chose signifiée.

relations qui toutes sont comprises sous le nom de *mé-*

tonymie , mot tiré du grec et qui signifie *changement de nom* , exemples :

1º. Les cheveux blancs pour la vieillesse ; l'ombrage pour les arbres.
2º. Implorer le secours du ciel ; la France aime la gloire.
3º. Porter dignement le sceptre ; déposer la thiare.

Deuxièmement , des relations du tout à la partie et réciproquement.

Id. du genre et de l'espèce.

Id. du singulier et du pluriel.

Ces trois sortes de relations portent le nom de *synecdoque* , mot également tiré du grec et qui signifie *compréhension* , exemples :

1º. Une flotte de cent voiles.
2º. La jeunesse est imprudente.
3º. Le français est malin.

Troisièmement , des relations de ressemblance , portant le nom de *métaphore* , qui signifie *transposition* , exemples :

Ce ministre est la colonne de l'État.
Il est l'âme du cabinet.
Son cœur est dévoré par les passions.
Il est enflammé de colère.
Au combat , c'est un lion qui renverse tout.

Ce dernier trope est le plus important de tous, et celui qu'on rencontre le plus souvent dans le discours. Il consiste à remplacer le nom propre d'un objet par le nom d'un autre objet qui lui ressemble, et qui, par conséquent, en réveille le souvenir avec plus de vivacité.

Nous nous arrêterons, un instant, sur chacun des trois principaux tropes que nous venons de citer

MÉTONYMIE.

Nous avons dit que le mot *métonymie* venait du grec et signifiait *changement de nom*.

A ce titre, tous les tropes devraient être compris dans la métonymie ; mais, pour éviter toute confusion, on est convenu de restreindre cette figure aux cas suivans :

1º. La cause pour l'effet :

> Mars pour la guerre.
> Vulcain pour le feu.
> J'ai lu Virgile et Cicéron.
> C'est une bonne plume.
> C'est une fine lame.

2º. Le contenant pour le contenu :

> Il aime la bouteille.
> Réclamer le pardon du ciel.

3º. Le nom du lieu où une chose se fait pour la chose même :

> Il a un damas.
> C'est là que ce romain dont l'éloquente voix
> D'un joug presque certain sauva la république,
> Fortifiant son cœur dans l'étude des lois.
> Et du lycée et du portique.

4º. Le signe pour la chose signifiée.

> Préférer la houlette au bâton de maréchal.

SYNECDOQUE.

La synecdoque (compréhension) fait comprendre plus ou moins que le mot dont on se sert ne signifie dans le sens propre. Dans la synecdoque, comme dans la métonymie, on prend un mot pour un autre ; mais, dans la première, on prend en même temps *le moins* pour *le plus* ou *le plus* pour *le moins*.

Il y a plusieurs espèces de synecdoques.

1º. Synecdoque de genre :

Les mortels pour les hommes : c'est le plus pour le

moins , car toutes les espèces d'animaux sont mortelles comme les hommes.

2°. Synecdoque de l'espèce :

> Cette ville compte cent mille âmes.
> Voilà un plaisant corps.

C'est le moins pour le plus.

3°. Synecdoque du nombre :

> L'africain est vaincu.
> Le français est aimable.

C'est le singulier pour le pluriel.

Nous pensons , pour *je pense.*

Les prophètes disent , pour *un des prophètes dit.*

C'est le pluriel pour le singulier.

4°. Synecdoque de la partie pour le tout et du tout pour le parler.

> L'ennemi avait cent voiles.
> Il y a cent feux dans ce village.

5°. Synecdoque de la matière :

> De l'argent pour de la monnaie.
> Le fer pour l'épée.

6°. Synecdoque du nom :

> Le philosophe pour Aristote.
> L'orateur pour Cicéron.
> Le poète pour Virgile.

MÉTAPHORE.

La métaphore est le trope par excellence ; elle abonde dans toutes les langues , elle se glisse dans tous les discours , dans tous les écrits , dans toutes les conversations , sans effort et tout naturellement. Le difficile n'est pas de semer les métaphores dans un discours , mais de faire un discours sans métaphores.

La métaphore (transposition) est un trope qui, à l'aide d'une comparaison qui se fait facilement et promptement dans l'esprit , transporte la signification propre d'un mot à une signification figurée.

Toute métaphore suppose une comparaison, mais n'est pas une comparaison.

Dans la métaphore, les mots n'expriment pas la comparaison qui n'est saisie que par l'esprit : on suppose seulement que l'un des deux objets ressemble si bien à l'autre que leurs noms peuvent se remplacer mutuellement.

Ainsi , quand Homère dit qu'Achille se bat comme un lion , c'est une comparaison ; mais quand il dit du même héros , *ce lion s'élance* , c'est une métaphore. Dans la comparaison , Achille ressemble à un lion ; dans la métaphore , Achille est un lion.

Aucune figure ne peint avec plus de vivacité que la métaphore ; non seulement elle jette de la force et de la clarté dans le discours , mais encore en donnant des couleurs aux idées intellectuelles , elle les rend comme visibles et palpables.

Nous allons citer une métaphore parfaitement soutenue et mieux terminée encore que nous trouvons dans les observations de Bolingbroke sur l'histoire d'Angleterre. Il est question de la conduite de Charles Ier avec son dernier Parlement. «A peu près un mois après l'avoir
» assemblé , le roi le déclara dissout. A peine fut-il dis-
» sout qu'il se repentit, mais trop tard , de cette démar-
» che précipitée. Il eut lieu de se repentir en effet , car
» le vase était plein , et cette dernière goutte fit dé-
» border et se répandre les eaux d'amertune. ...... Ici,
» je tire le rideau et mets fin à mes réflexions. »

Il nous reste maintenant à donner les régles qu'on doit observer dans l'emploi des métaphores.

Il faut d'abord que les métaphores soient semées avec sobriété et adaptées à la nature du sujet. Il convient d'éviter le faux éclat, l'enflure, de ne pas oublier qu'il faut au style de la clarté, de la noblesse, et que la simplicité est presque toujours le moyen le plus sûr de faire ressortir les ornemens placés à propos.

« Celui là est véritablement éloquent, dit Cicéron, qui sait discourir, en style simple, sur les sujets ordinaires, traiter avec dignité les grands sujets, et ne s'élever qu'à la hauteur convenable dans les sujets moyens. Celui qui ne sait point parler d'une manière tranquille, douce, réglée, distincte, se livre à des transports que ne partagent point ses auditeurs et semble un fou parmi des sages, ou un homme ivre, au milieu d'une compagnie de gens sobres qui jouissent de toute leur raison. »

Secondement, il ne faut jamais que la métaphore soit tirée d'objets bas et dégoûtans, quand même elle serait faite dans le seul but d'avilir ou de dégrader. Pour faire usage de cette figure, il ne faut pas seulement une imagination riche et hardie, mais encore délicate.

Troisièmement, les métaphores ne doivent jamais être forcées ni obscures; il ne faut pas qu'elles soient pour l'esprit un travail pénible, et qu'elles obscurcissent la pensée, au lieu de l'éclaircir. Avec ce caractère, la métaphore n'est plus qu'une énigme.

« Toute métaphore, dit encore Cicéron, doit être modeste, paraître introduite et non mise de force dans la place étrangère qu'elle occupe, y être venue volontairement et non contrainte. »

Quatrièmement, quand, dans une période, on fait usage

d'une métaphore, il faut la soutenir, et se garder de mê-
ler le langage propre et le langage figuré, de manière
qu'une partie de la période soit prise métaphoriquement,
et l'autre dans le sens littéral.

Cinquièmement, jamais deux métaphores différentes
ne doivent se rencontrer dans le même objet. Un pareil
abus produit un mélange contre nature et déroute l'imagination.

Quintilien nous dit : « Il faut surtout avoir soin de finir
» par le même genre de métaphores par lequel on a
» commencé. Il arrive à certains auteurs de commencer
» par une tempête et de finir par un incendie, c'est
» une absurdité impardonnable. »

Sixièmement, pour voir si une métaphore est juste,
et si on n'a pas mêlé des images mal assorties, il faut
essayer d'en faire un tableau, considérer comment
s'accordent les différentes parties, et voir quel aspect
le tout présenterait, si on venait à l'exécuter au pinceau.

Septièmement, enfin il ne faut pas pousser les métaphores trop loin et se jeter dans l'allégorie en s'arrêtant
trop longtemps sur la ressemblance qui sert de fondement
à la figure, et en la suivant jusque dans ses moindres
circonstances.

L'allégorie n'est qu'une métaphore prolongée, puisqu'elle consiste aussi à représenter un objet par un autre
objet qui lui ressemble ; mais l'allégorie étend, développe
la métaphore, épuise enfin toutes les nuances que peut
offrir la similitude, ainsi qu'on le remarquera facilement
dans ces vers allégoriques, adressés en 1693, par Mme
Deshoulières, à ses enfans.

> Dans ces prés fleuris,
> Qu'arrose la Seine,
> Cherchez qui vous mène,

Mes chères brebis.
J'ai fait , pour vous rendre
Le destin plus doux,
Ce qu'on peut attendre
D'une amitié tendre ;
Mais son long courroux
Détruit , empoisonne
Tous mes soins pour vous ,
Et vous abandonne
Aux fureurs des loups.
Seriez-vous leur proie ,
Aimable troupeau ,
Vous de ce hameau.
L'honneur et la joie ;
Vous qui , gras et beau ,
Me donniez sans cesse
Sur l'herbette épaisse
Un plaisir nouveau ?
Que je vous regrette !
Mais il faut céder :
Sans chien , sans houlette ,
Puis-je vous garder ?
L'injuste fortune
Me les a ravis.
En vain j'importune
Le ciel par mes cris ;
Il rit de mes craintes ,
Et , sourd à mes plaintes .
Houlette ni chien,
Il ne me rend rien.
Puissiez-vous , contentes
Et sans mon secours ,
Passer d'heureux jours ,
Brebis innocentes ,
Brebis mes amours !
Que Pan vous défende :
Hélas ! il le sait ,
Je ne lui demande
Que ce seul bienfait.
Oui , brebis chéries ,

Qu'avec tant de soin
J'ai toujours nourries ;
Je prends à témoin
Ces bois , ces prairies ,
Que si les faveurs
Du dieu des pasteurs
Vous gardent d'outrages ,
Et vous font avoir
Du matin au soir
De gras pâturages ,
J'en conserverai ,
Tant'que je vivrai ,
La douce mémoire ,
Et que mes chansons
En mille façons
Porteront sa gloire ,
Du rivage heureux
Où vif et pompeux ,
L'astre qui mesure
Les nuits et les jours,
Commençant son cours
Rend à la nature
Toute sa parure ,
Jusqu'en ces climats
Où , sans doute las
D'éclairer le monde ,
Il va chez Téthys
Rallumer dans l'onde
Ses feux amortis.

Sous le voile de l'allégorie , les anciens peuples donnaient de sages et utiles instructions. Les fables, les para-
boles , les énigmes mêmes ne sont que des allégories, où
les mœurs des hommes sont représentées, en prêtant aux
bêtes et même aux objets inanimés des discours semblables à ceux que nous tiendrions nous mêmes.

La morale de la fable n'est que l'interprétation littérale
de l'allégorie , dégagée de son sens figuré.

Il existe un quatrième trope , nommé *métalepse* , mot

qui signifie *prendre au-delà*, et qui peut figurer, par son importance, à côté des trois dont nous venons de parler.

Il cousiste à prendre ce qui précède pour ce qui suit et réciproquement; c'est l'antécédent pour le conséquent, ou le conséquent pour l'antécédent.

Il a été, *il a vécu*, pour dire, *il est mort*, c'est l'antécédent pour le conséquent.

Après quelques épis, c'est-à-dire, *après quelques années*.

Les épis rappellent la moisson, la moisson rappelle l'été, et l'été rappelle la révolution de l'année.

C'est ce qu'on appelle passer par degrés d'une signification à une autre.

Tous les autres tropes dont parlent Dumarsais et les grammairiens, rentrent dans ceux que nous venons de citer ou dans les figures de pensées qui sont du ressort de la rhétorique.

CHAPITRE XI.

ANALOGIE DANS L'EXPRESSION DU JUGEMENT, FORMES ET
RÉGLES DE LA PROPOSITION.

La proposition est l'énonciation d'un jugement.

Toute proposition a trois termes : un sujet, un verbe, un attribut.

Le sujet est la personne ou la chose touchant laquelle on affirme ou on nie.

L'attribut est la chose que l'on affirme ou que l'on nie, relativement au sujet.

Le verbe marque l'action de l'esprit qui affirme ou qui nie, suivant qu'il est seul ou joint à une négation :

> Pierre est savant.
> Paul n'est pas docile.

Dans ces proposititions, il est facile de distinguer le sujet et l'attribut ; mais il en est d'autres où cette distinction est difficile :

> On vit ; il pleut.

Alors il faut les traduire :

> Les hommes sont vivans.
> La pluie est tombante.

Avant de passer aux différentes sortes de propositions, nous dirons que la plupart des règles qui les régissent sont fondées sur la compréhension et l'extension des mots. Pour bien comprendre les propositions affirmatives et négatives surtout, il ne faut pas perdre de vue que la compréhension est la réunion de tous les attributs qui constituent la nature des individus de même espèce que celui ou ceux énoncés dans le sujet ; et que l'extension est la réunion ou le nombre de tous les individus de même nature que celui ou ceux énoncés dans le sujet.

Ainsi, quand on dit qu'une proposition est prise selon toute son extension, cela signifie qu'elle s'entend de tous les individus de même nature que celui ou ceux énoncés dans le sujet.

Tout homme est juste :

Dans cette proposition, on parle de tous les hommes en général et de chacun en particulier.

De même, quand on dit qu'une proposition est prise selon toute sa compréhension, cela signifie qu'elle s'entend de tous les attributs qui constituent la nature des individus énoncés dans le sujet.

Tout homme est raisonnable :

On parle ici de tous les attributs qui constituent la nature de tous les hommes en général et de chacun en particulier.

L'extension s'étend par la découverte de nouveaux individus aux quels conviennent les mêmes qualités, et la compréhension, par la découverte de nouvelles qualités qui conviennent aux mêmes individus. Toutefois l'extension et la compréhension des mots suivent dans leur accroissement respectif une raison inverse. Ainsi, quand l'extension est au *maximum*, comme dans le mot être, la compréhension est au *minimum* ; et lorsque la compréhension est la plus forte possible, comme dans les noms d'individus, l'extension est nulle.

L'opération logique qui décompose l'extension se nomme *division* ; celle qui décompose la compréhension se nomme *définition* ou *description*.

Les propositions peuvent être considérées sous le rapport de la qualité et sous celui de la quantité.

Considérées sous le rapport de la qualité, elles sont affirmantes ou niantes, vraies ou fausses.

La proposition affirmative est celle dont le sujet est joint à l'attribut par le verbe *est* :

Dieu est éternel.

La proposition négative est celle dont l'attribut est séparé du sujet par une négation jointe au verbe *est* :

Pierre n'est pas savant :

Dans la proposition affirmative, l'affirmation n'exige pas que toute l'extension de l'attribut soit mise dans le sujet. Quand je dis, *l'homme est un animal*, cette proposition signifie seulement l'homme est une sorte d'animal, ou appartient à la classe des animaux. Toute l'extension de l'attribut n'est pas dans le sujet.

Cependant quand les propositions sont des équations, des définitions, toute l'extension de l'attribut doit être dans le sujet :

L'homme est un animal raisonnable.
Huit est la moitié de seize.
Quatre plus quatre égalent huit.

Dans la proposition affirmative, toute la compréhension de l'attribut est mise dans le sujet ; car l'affirmation déclare que l'attribut est l'équivalent du sujet, ou au moins qu'il y est contenu. Or, si une seule qualité de l'attribut répugnait au sujet, l'attribut ne pourrait être synonime, ni partie du sujet. On peut dire, *l'homme est un animal*, et on ne saurait dire, *l'homme est un chien*.

Dans la proposition négative, toute l'extension de l'attribut est exclue du sujet, exemple :

L'homme n'est pas chien :

Si l'attribut chien n'était pas séparé du sujet selon toute son extension, il en résulterait que quelques hommes sont chiens, ce qui est absurde.

Dans la proposition négative, la négation n'exige pas que toutes les parties de la compréhension soient exclues du sujet, exemple :

L'homme n'est pas cheval :

Si, dans cette proposition, l'attribut *cheval* était séparé du sujet *homme* selon toute sa compréhension, on excluerait de l'homme toutes les propriétés du cheval. Or, on ne peut exclure de l'homme toutes les qualités du cheval, puisque la qualité d'animal leur est commune. Donc, dans une proposition négative, toutes les parties de la compréhension de l'attribut ne doivent pas être exclues du sujet.

Une proposition est vraie quand ce qui est annoncé par l'attribut convient au sujet, ou seulement quand ce qui est énoncé par l'attribut est possédé par le sujet.

Dieu est souverainement bon.
Pierre est sage.

Une proposition est fausse quand ce qui est énoncé par l'attribut répugne au sujet, ou seulement quand ce qui est énoncé par l'attribut n'est point possédé par le sujet.

Le vice est louable.
La richesse est une vertu.

Considérées sous le rapport de la quantité, les propositions sont universelles, particulières, singulières indéfinies.

La proposition est universelle lorsque le sujet renferme tous les individus de même nature , exemple :

Tous les hommes sont mortels.

Elle est particulière lorsque le sujet est un substantif commun qui est restreint par quelques mots particuliers, comme ceux-ci : *quelqu'un* , *aucun* etc.

Cette proposition ne signifie qu'une partie des individus aux quels s'étend le sujet . exemple :

Quelques hommes sont justes.

Elle est singulière quand le sujet est ou un nom propre ou un nom commun , mais auquel se trouve jointe la marque du singulier , exemple :

Cet homme est savant.
Napoléon était un héros.

La proposition est simple quand elle n'a qu'un sujet et un attribut ; composée , quand elle a plusieurs sujets ou plusieurs attributs ; complexe , quand son sujet ou son attribut , ou tous les deux ensemble sont affectés de quelques développemens particuliers , exemples :

Pierre est sage.
Pierre et Paul sont sages et savans.

L'ambitieux qui n'est jamais satisfait , ne jouit pas du bonheur , ce bien si précieux.

La proposition complexe contient une proposition principale et une proposition incidente.

Les anciens qui tenaient beaucoup au nombre et à l'étendue des nomenclatures techniques , avaient divisé la proposition composée en une multitude d'espèces que nous nous contenterons de citer sans y attacher aucune importance.

Les *copulatives* qui renferment plusieurs sujets ou plusieurs attributs joints ensemble ou séparés les uns des autres par les conjonctions *et* ou *ni*, exemple :

Ni les maisons , ni les terres , ni les amas d'or et d'argent ne
peuvent ni chasser la fièvre du corps de celui qui les possède ,
ni délivrer son esprit d'inquiétude et de chagrin.

La vérité de ces propositions dépend de la vérité de
toutes leurs parties ; si une seule des parties était fausse,
elle rendrait fausse la proposition.

Les *disjonctives* dont les parties sont séparées par la
conjonction disjonctive *ou* , exemple :

Toute action est bonne ou mauvaise.

La vérité des propositions disjonctives dépend de la
vérité d'une de leurs parties ; c'est-à-dire, que pour que
ces propositions soient vraies , elles ne doivent point
permettre de milieu , et ne doivent établir que la vérité
d'une de leurs parties.

Les *conditionnelles* formées de deux propositions ,
jointes ensemble par la condition *si*, *pourvu que*, et d'autres de ce genre qui expriment une condition, exemple :

Vous mériterez l'estime de vos semblables, si vous être honnête.

Dans ces propositions on distingue l'antécédent et le
conséquent ; l'antécédent est toujours la proposition qui
exprime la condition ; le conséquent est la proposition
qui dérive de celle énoncée dans l'antécédent.

On voit par l'exemple donné que l'antécédent n'est
pas toujours le premier membre de la proposition con-
ditionnelle.

La vérité des propositions conditionnelles dépend de
la vérité de leur conséquent.

Les *causales* qui contiennent deux propositions jointes
ensemble par les particules *parce que* , *afin que*, et autres
de ce genre qui expriment la cause , exemple :

Les méchans sont élevés , afin que tombant de plus haut ,
leur chûte en soit plus grande.

La vérité de ces propositions dépend de la vérité des deux propositions dont elles sont formées. Il faut aussi que l'effet exprimé par l'une de ces deux propositions , dérive de la cause exprimée par l'autre.

Les *discrétives* dont les parties sont séparées l'une de l'autre par les particules *mais* , *cependant* , *néanmoins* et d'autres semblables exprimées ou sous-entendues, ex. :

La fortune peut ôter les richesses , mais elle ne peut abattre le courage.

La vérité des discrétives dépend de la vérité des parties dont elles sont composées, et de l'opposition qui doit exister entre elles.

Les *relatives* dont les membres sont joints par des particules qui expriment la relation , comme *tel* , *quel*, *autant* etc. , exemple :

Où est le trésor , là est le cœur.

La vérité de ces propositions dépend de la justesse du rapport , et on les contredit en niant le rapport.

Les *exclusives* dont l'attribut ne convient qu'au seul sujet : exemple :

Dieu seul est tout-puissant.

Ces propositions sont vraies quand l'attribut ne convient qu'au seul sujet.

Les *exceptives* dans les quelles il y a des particules qui expriment l'exception, comme *excepté, si ce n'est*, exemp.

Aucun être , excepté Dieu , n'est tout-puissant.

La vérité de ces propositions dépend de la vérité de l'exceptive , c'est-à-dire qu'outre le sujet excepté , il ne doit y en avoir aucun autre à qui l'attribut puisse convenir.

Les *comparatives* qui expriment la comparaison entre deux choses , exemple :

Napoléon est plus grand que César.

La comparaison est marquée par les particules *plus* , *moins* , et on contredit la proposition en niant cette comparaison.

Les *inceptives* qui annoncent le commencement de quelque chose , exemple :

L'ère de la véritable liberté n'a commencé pour la France qu'en 1830.

La vérité de ces propositions dépend de la vérité des deux membres dont elles sont composées.

Les *désitives* qui désignent la fin de quelque chose , exemple :

La république romaine a cessé au temps où les généraux s'emparèrent de l'autorité.

Les *continuatives* qui désignent la continuation de quelque chose , exemple :

Les hommes vicieux sont malheureux pendant toute leur vie.

Les philosophes distinguent encore deux autres propositions : *l'absolue*, quand elle n'exprime que l'affirmation ou la négation de l'attribut , *le soleil est rond* ; la *modale* , quand elle énonce la manière dont l'attribut est affirmé ou nié du sujet , *le soleil est essentiellement rond*.

TRANSFORMATION DES PROPOSITIONS.

Division.—Traduction.—Conversion.

Quand une proposition est faite sur un seul sujet , et qu'elle énonce un attribut unique et simple , elle est indécomposable.

Diviser une proposition composée , c'est la résoudre en toutes les propositions simples qu'il est utile et qu'il est possible d'y démêler.

Traduire une proposition , c'est lui en substituer une

autre équivalente , et qui pourtant se compose de termes plus connus.

Convertir une proposition, c'est donner sa réciproque,
c'est mettre le premier terme à la place du second , et
le second à la place du premier , c'est changer l'attribut
en sujet , et le sujet en attribut.

Dans la division , il faut s'abstenir de pousser les décompositions au-delà de nos besoins. On doit savoir s'arrêter, quand on est arrivé à des propositions simples ,
élémentaires , immédiates , où l'on ne parviendra jamais
à la certitude. Il faut au logicien une mesure aussi bien
qu'à l'arpenteur.

Quand une proposition offre un sens facile à saisir, il
faut éviter toute traduction qui , loin de servir l'intelligence , pourrait au contraire créer une obscurité qui
n'existait pas d'abord.

La relation qui existe entre deux termes étant mutuelle et réciproque , toute proposition est essentiellement susceptible de réciproquation , exemple :

> L'homme est un animal raisonnable.
> Un animal raisonnable est homme.

La conversion d'une proposition doit se faire de manière que la proposition ne cesse pas d'être vraie , si
elle l'était auparavant, et qu'elle conserve le même sens.
Alors il est nécessaire que la proposition nouvelle ne
contienne aucun terme qui eut plus d'étendue que ceux
employés dans la proposition à convertir. Car si la résul-
tante de la conversion contenait des termes qui eussent
plus d'étendue que ceux employés dans la proposition à
convertir , il est évident qu'elle n'aurait plus le même
sens. Il faut aussi que la négation ou l'affirmation qui
fait la qualité de la proposition à convertir , se retrouve
dans la proposition nouvelle.

Si la conversion pure et simple présente quelqu'embarras, si elle expose à des méprises, il faut préalablement traduire la proposition donnée, et lui en substituer une équivalente, mais plus facile à convertir.

OPPOSITION DES PROPOSITIONS.

Deux propositions sont opposées, lorsqu'elle énoncent des choses qui ne peuvent subsister ensemble, exemple :

> Pierre est savant.
> Pierre n'est pas savant.

L'opposition consiste essentiellement dans l'affirmation et la négation d'un même attribut relativement à un même sujet et sous le même rapport.

Il y a deux sortes d'opposition, l'une contradictoire, l'autre contraire.

L'opposition est contradictoire, quand les deux propositions sont opposées en quantité et en qualité.

> Nul homme n'est infaillible.
> Quelque homme est infaillible.

Voilà deux propositions contradictoires.

> Tout homme est animal.
> Nul homme n'est animal.

Voilà deux propositions contraires.

On voit par ces exemples que l'opposition contradictoire dit simplement ce qui est nécessaire et suffisant pour réfuter une proposition, et que l'opposition contraire dit plus qu'il n'est nécessaire pour réfuter la proposition avancée.

Deux propositions contradictoires ne sont jamais ni vraies ni fausses en même temps ; mais si l'une est vraie, l'autre est fausse, et si l'une est fausse, l'autre est vraie.

> Tout homme est mortel.
> Quelques hommes ne sont pas mortels.

S'il est vrai que tout homme soit mortel, il est faux que quelques hommes ne le soient pas ; si au contraire il est vrai que quelques hommes ne soient pas mortels, il est faux que tout homme le soit.

Deux propositions contraires ne peuvent jamais être vraies ensemble, mais elles peuvent être toutes deux fausses.

En effet, deux propositions contraires se combattent, se réfutent et se renversent mutuellement ; or, la vérité ne peut être refutée et détruite par la vérité, parce que la vérité est une et indivisible.

D'ailleurs deux propositions contraires renferment le principe de la contradiction, et deux contradictoires ne sont jamais vraies en même temps.

Les propositions contraires avancent plus qu'il ne faut pour se réfuter mutuellement, et il est possible que l'une et l'autre soient exagérées et qu'elles péchent pas excès. Entre de telles propositions, il peut donc se trouver un juste-milieu où serait la vérité, exemple : *Tous les hommes sont sages, aucun homme n'est sage.*

Deux propositions contraires qui ne peuvent jamais être vraies ensemble, peuvent donc êtes toutes deux fausses.

CHAPITRE XII.

IMPORTANCE DE L'ÉTUDE DES LANGUES.

L'étude des langues peut-être considérée sous deux points de vue , comme philosophique, ou comme grammaticale et logique. Considérée sous le point de vue philosophique , cette étude est de la plus haute importance ; elle se rattache à tout ce qui peut intéresser l'humanité , aux institutions sociales , aux découvertes utiles , à tous les progrès de la civilisation.

Comme grammaticale et logique , elle nous montre , par les étymologies, comment les langues découlent d'une source commune, et, par les régles générales, comment, dans leur marche logique, elles ont adopté les mêmes principes , en prenant la nature pour guide.

On arrive surtout à ce résultat par l'étude des langues anciennes , dont la comparaison avec les langues modernes fournit à l'esprit une exercice aussi agréable qu'utile. En effet, il y a autant de plaisir que d'utilité à remonter aux sources de sa propre langue , et à saisir les analogies qui attestent si bien une commune origine.

Pour les Français l'étude sérieuse , approfondie des langues grecque et latine doit être la base de l'éducation publique ; car notre langue nationale a conservé avec ces deux idiômes la plus frappante analogie.

Les Italiens, les Espagnols ont les mêmes motifs pour apprécier dignement l'étude du grec et du latin, non moins recommandables d'ailleurs par leur abondance, leur richesse, leur harmonie et les chefs-d'œuvres des grands génies qui ont immortalisé Athènes et Rome; que par l'air de famille qu'ils ont conservé avec les langues de l'Europe méridionale.

Jamais, dans les collèges de l'ancienne ni de la nouvelle Université, l'étude de ces deux langues n'a été suivie comme purement grammaticale et logique; et c'est mauvaise foi que de reprocher à nos écoles publiques de n'enseigner le grec et le latin que pour trouver l'occasion de faire des thèmes et des versions.

Le maître qui, au milieu de ses élèves, ne s'occuperait que de la partie grammaticale des langues, sans toucher à leur côté philosophique, comprendrait bien mal sa mission, et compromettrait l'avenir de la jeunesse confiée à ses soins. Les langues doivent être comme le canal de toutes les autres connaissances: c'est par elles que les jeunes gens reçoivent les plus précieuses notions d'histoire, d'antiquité, de géographie, qu'on regarde comme indispensables, et qui se gravent d'autant mieux dans notre esprit, qu'elles tiennent à l'ensemble d'un système complet d'éducation. C'est encore par elles qu'ils se familiarisent avec les beautés des modèles anciens, beautés qu'une traduction ne ferait que représenter froidement, et qu'il faut puiser aux sources qui donnent la vie et la couleur à nos propres pensées.

Si l'on considère seulement ce que demande et ce que donne l'étude d'une langue, et particulièrement celle des langues si complètes de l'antiquité, on se convaincra facilement qu'il n'est point d'études plus propres à développer en nous le bon sens, cette raison universelle qui

10

prépare si bien à toutes les autres études, même à l'étude des sciences exactes, dont les procédés ne sont qu'une application particulière de cette raison universelle.

» « L'intelligence des langues, dit Rollin, sert comme
» d'introduction à toutes les sciences. Par elle, nous arri-
» vons presque sans peine à la connaissance d'une infi-
» nité de belles choses qui ont coûté de longs travaux à
» ceux qui les ont inventées. Par elle, tous les siècles
» et tous les pays nous sont ouverts : elle nous rend, en
» quelque sorte, contemporains de tous les âges et ci-
» toyens de tous les royaumes, et elle nous met en état
» de nous entretenir encore aujourd'hui avec les plus
» savans génies de l'antiquité, qui semblent avoir vécu
» et travaillé pour nous. Nous trouvons en eux comme
» autant de maîtres qu'il nous est permis de consulter
» en tout temps, comme autant d'amis qui peuvent être
» de toutes nos parties, dont la conversation toujours
» utile et toujours agréable nous enrichit l'esprit de mille
» connaissances curieuses, et nous apprend à profiter
» également des vertus et des vices du genre humain. »

Rollin pense que trois langues doivent être enseignées dans les écoles publiques, la grecque, la latine et la française ; mais il faut surtout commencer par cette der-nière, qui doit servir de terme de comparaison et de guide dans l'étude des deux autres.

Les Romains nous ont donné à cet égard une leçon dont nous ne faisons peut-être pas assez de cas. Nous allons encore citer Rollin qui, dans le passage qu'on va lire, n'a fait que copier fidèlement Quintillien.

» « Les Romains nous ont appris, par l'application
» toute particulière qu'ils donnaient à l'étude de leur
» langue, ce que nous devrions faire pour nous instruire
» de la nôtre. Chez eux, les enfans, dès le berceau,

» étaient formés à la pureté du langage. Ce soin était
» regardé comme le premier et le plus essentiel après
» celui des mœurs; il était particulièrement recommandé
» aux mères, aux nourrices, aux domestiques. On les
» avertissait de veiller, autant qu'il était possible, à ce
» qu'il ne leur échappât jamais d'expression ou de pro-
» nonciation vicieuse en présence des enfans, de peur
» que ces premières impressions ne devinssent en eux
» une seconde nature, qu'il serait presque impossible
» de changer dans la suite. »

Il s'en faut bien que nous apportions le même soin
pour nous perfectionner dans la langue française. Il y a
peu de personne qui connaissent cette langue par principes; on croit que l'usage suffit pour s'y rendre habile.
Il est rare qu'on s'applique à en approfondir le génie et
à en étudier toutes les délicatesses; souvent on en ignore
jusqu'aux régles les plus communes, ce qui paraît quelquefois dans les lettres mêmes des plus habiles gens.

Après la langue française, la langue grecque doit occuper un des premiers rangs dans les études de la jeunesse.
Par son abondance, sa variété, son harmonie, elle exerce
un grand empire sur l'esprit, et ses charmes séduisent
et entraînent.

Le nom seul des grecs réveille dans l'esprit les plus nobles idées; il rappelle tous les genres de perfection dans
les arts, la plus haute sagesse dans la politique et la législation, l'enthousiasme du courage et de la liberté,
l'amour ardent de la patrie, de la gloire, des sciences,
de la philosophie, de tout ce qui est grand, beau, utile
et propre à honorer et à élever l'espèce humaine. Actifs,
ingénieux, le cœur toujours brûlant de l'amour de la
patrie, l'âme pleine de sentimens héroïques et de grands
souvenirs, les grecs se sont trouvés dans la position la

plus favorable pour donner au génie tout son essor, et à leur langue une richesse, une abondance, une harmonie dont nulle autre n'approchera jamais.

La langue grecque a quatre dialectes principaux, et leur caractère est une nouvelle preuve de l'influence du climat et des mœurs sur le langage.

Le Dorien et l'Eolien, plus mâles, plus sonores, plus nerveux, furent parlés par des peuples moins civilisés, plus durs, de mœurs plus sévères. La grandeur et la simplicité, dit Barthelémi, caractérisent la musique, l'architecture, la langue et la poésie de ces peuples.

L'Ionien qui, avec les deux précédens, formait les trois dialectes primitifs de la langue grecque, fut corrompu et dégénéra, lorsque des colonies Ioniennes établies sur les côtes de l'Asie mineure eurent pris les usages et le goût du luxe que le climat inspire. Leur langue et leur style respirèrent la mollesse asiatique, et se chargèrent d'une abondance vicieuse qui les rendit méprisables aux autres grecs.

Le dialecte attique ne conserva pas seulement la pureté de l'ancien ionien, il lui donna plus de grâce, plus de finesse. Ce dialecte devait être celui d'un peuple distingué par le goût et l'élégance de tous ses ouvrages, et dont la délicatesse extrême, en fait de langage, ne peut mieux être caractérisée que par ce mot de Cicéron, *aures superbas*. Ces dialectes, ainsi que l'observe Barthelémi, se divisèrent encore dans les pays où on les parlait : Hérodote reconnaît quatre divisions dans le seul Ionien.

Les dialectes de la langue grecque remontent à la plus haute antiquité, puisqu'on retrouve les trois premiers dans Homère qui, dit-on, écrivait deux cents ans après la guerre de Troie.

La langue grecque est aussi précieuse pour le grammairien et le littérateur que pour le philosophe. Si elle est pour ce dernier, dans l'ordre moral, une source de méditations sérieuses, elle charme le littérateur par les chefs-d'œuvre qui nous en restent, et qui ont servi de modèles à tous ceux que les autres langues ont produits. Elle n'est pas moins intéressante pour le grammairien, par l'énergie des mots, la simplicité, l'abondance, le nombre, l'harmonie, la multitude des terminaisons, la richesse des formes, une marche hardie, aisée, naturelle, une régularité sans monotonie et une variété sans confusion.

On a cru trouver à la langue grecque plus de ressemblance avec la française que cette dernière n'en a avec le latin. Ce qu'il y a de sûr, c'est que le grec, quoiqu'il ait tous les moyens possibles pour être transpositif, a cependant une construction qui le rapproche souvent de la marche adoptée par la langue française. Il y a des morceaux qu'on peut traduire en français, sans rien changer à la construction, et il est certain que les jeunes gens sont plus tôt familiarisés avec les formes grecques qu'avec les inversions latines.

Le goût des études grecques fut apporté dans notre patrie par des savans distingués que la ruine de l'empire d'occident fit passer en Italie. De là ils se rendirent en France, où on s'empressa de les accueillir et de leur offrir un asile. Ce goût se répandit si promptement et devint si général, que, sous François 1er et quelques-uns de ses successeurs, chacun se faisait une gloire de réussir dans ce genre d'études. Aussi les progrès furent-ils rapides et presque incroyables, et on est surpris de voir la jeunesse, à l'âge où on ne respire ordinairement que les plaisirs, faire ses délices de la lecture des auteurs grecs les plus difficiles et y consacrer tout son temps.

Cependant François Ier eut à surmonter de grands obstacles pour réaliser ses projets d'améliorations. L'étude des langues et surtout du grec rencontrait à chaque pas des entraves suscitées par le fanatisme et l'ignorance. Un fameux théologien du temps déclara qu'on passait pour hérétique, quand on savait un peu de grec et de latin. Un moine disait en chaire : « on vient de trouver » une langue nouvelle que l'on appelle *grec* ; il faut s'en » garantir avec soin ; cette langue enfante toutes les » hérésies. Quant à la langue hébraïque, tous ceux » qui l'apprennent, deviennent juifs aussitôt ! »

Ce délire de l'ignorance n'étonnera plus, quand on saura que sous François Ier, on brûlait encore vif pour accusation de sorcellerie. Tous les princes étaient encore entourés d'alchimistes et d'astrologues, et la vue d'une comète hâta les derniers momens de Louise de Savoie. Le roi lui-même, à qui les lettres doivent tant de reconnaissance, eut la faiblesse de faire venir à sa cour et d'écouter un magicien allemand, qui se chargeait, disait-il, de faire revenir, à travers les airs, les deux princes français alors prisonniers en Espagne.

« C'est par de telles études, dit Rollin, que l'on se » met en état de faire honneur à la patrie, d'en remplir » dignement les premiers postes, et de faire revivre ces » sentimens de générosité et de désintéressement qui » ne subsistent presque plus que dans les livres et l'his- » toire ancienne. »

On commençait à sentir alors que tout ce qui conduit à la perfection des sciences, contribue aussi à la splendeur et à la gloire de l'état, et qu'il ne peut y avoir de véritable érudition, sans une profonde connaissance de la langue grecque.

C'est par l'étude de cette langue que les Romains purent

conduire la leur à la perfection qu'elle atteignit sous Auguste. Térence fut le premier qui essaya de faire passer toutes les grâces et toutes les délicatesses du grec dans la langue romaine, jusques là grossière et barbare, et c'est à cette époque qu'il faut reporter la naissance du bon goût chez les romains.

Vers le même temps, trois députés d'Athènes étant venus à Rome pour des affaires publiques, leur éloquence fit une si grande impression sur la jeunesse et lui inspira un si grand désir d'apprendre, que tous les plaisirs furent suspendus, et que l'étude devint la passion dominante. Caton le censeur fut un instant effrayé de cet élan, et il craignit que les jeunes gens n'oubliassent la gloire des armes pour l'honneur de bien dire.

Pendant plus d'un siècle, les romains cultivèrent avec ardeur les lettres grecques, et c'est alors qu'ils produisirent ces écrits immortels qui ont depuis enrichi tous les siècles. Cicéron lui-même, après avoir obtenu de grands applaudissemens au barreau, ne rougit pas de retourner à Athènes, et se livra de nouveau à l'étude, dirigé par les philosophes sous lesquels il avait déjà étudié dans sa jeunesse.

« Il en sera toujours de même, ajoute Rollin. Quiconque voudra aspirer à la réputation de savant, sera obligé de voyager longtemps chez les grecs. La Grèce a toujours été et sera toujours la source du bon goût. C'est là qu'il faut puiser toutes les connaissances, si l'on veut remonter à leur origine. Éloquence, poésie, histoire, philosophie, médécine, c'est dans la Grèce que toutes ces sciences et tous ces arts se sont formés, et c'est là qu'il faut les aller chercher. »

L'étude de la langue grecque est malheureusement regardée comme renfermant de grandes difficultés, et comme enlevant à la jeunesse un temps précieux qu'elle pourrait mieux employer. Jeunes gens , repoussez ces perfides insinuations : ceux qui vous tiennent ce langage ne sont ni vos amis ni les partisans d'une instruction solide ; écoutez plutôt ce que vous dit encore Rollin à ce sujet :

« De toutes les études qui se font dans les Colléges ,
» celle du grec est la plus courte , celle dont le succès est
» le plus assuré , et où on réussit presque toujours. Ce
» qui rebute ordinairement de cette étude et les maîtres
» et les disciples , c'est l'idée qu'on s'en fait d'abord
» comme d'une entreprise trop longue et trop pénible.
» L'expérience du contraire devrait bien avoir dissipé
» ce faux préjugé. Une heure seule , consacrée chaque
» jour à ce travail , met les jeunes gens qui ont quelque
» esprit , en état d'entendre très raisonnablement cette
» langue au sortir des études. »

L'étude de la langue latine est remplie d'attraits pour un jeune français. Il n'est pas seulemet charmé de l'analogie qu'il rencontre, à chaque pas, entre cette langue et la sienne , il retrouve encore , dans cet exercice de l'esprit , tout ce qui peut vivement toucher le cœur. En effet, la Gaule n'a-t-elle pas reçu de ses vainqueurs des lois , des coutumes , des institutions précieuses ? L'histoire romaine ne se lie t-elle pas à la nôtre, pendant des siècles? Le latin n'a t-il pas été longtemps la langue philosophique du monde savant? Les dérivés du latin, n'ont-ils pas, comme ceux du grec , conservé leur orthographe primitive , à tel point que celui qui n'a étudié ni le latin ni le grec, ne peut se rendre compte des bizarreries de l'orthographe française dans certains radicaux ? Aussi a-t-on vu et voit-on encore les détracteurs de ces langues si belles, si fécondes et si douces, faire de ridicules et cou-

pables efforts, pour obtenir un complet divorce entre elles
et le français, reniant l'utilité et la logique de l'orthographe actuellement encore adoptée, et exaltant sans cesse
la méthode des italiens et des espagnols qui, disent-ils,
ont eu le courage de s'affranchir d'une honteuse servitude, en rendant l'orthographe d'accord avec les sons
du langage.

C'est une lutte engagée contre le bon sens : pouvons
nous douter du succès ?

Nous n'avons pas besoin de rappeler que c'est par la
lecture des auteurs grecs et latins que se sont formés les
plus beaux génies dont notre France s'honore, et que les
traductions, dont nous ne nions pas toutefois l'utilité, sont
bien loin de pouvoir produire un pareil résultat, en raison
de leur mollesse et de leur infidélité. C'est aux sources
naturelles qu'il faut aller puiser l'amour et la connaissance
du bien.

Quel traducteur pourrait se vanter de rendre fidèlement la majesté de Démosthènes et la finesse d'Eschine,
l'énergique concision de Tacite, le naturel de César et
l'harmonie si abondante de Cicéron. Delille lui-même
qui surpasse quelquefois Virgile, l'a t-il bien souvent
égalé, et pourrions nous citer un traducteur d'Horace
en tout digne de son modèle ?

Ce que nous avons dit du génie et du caractère de la
langue grecque, s'applique en grande partie à la latine ;
puisqu'elle a, comme la première, les terminaisons dé-
clinatives qui donnent la facilité de transposition. Mais
il faut convenir quelle est plus dure dans sa prononciation,
moins riche dans ses mots, moins variée dans ses formes
et dans ses ornemens, plus contrainte dans sa marche,
et moins naturelle dans ses temps.

D'après ce qu'on a recueilli de moins incertain dans

les anciens monumens ; on peut diviser la durée de la langue latine en trois âges.

Le premier âge comprend une période d'environ 500 ans ; le peu qui s'était conservé de cette première langue, probablement relatif aux choses de la religion , était in-intelligible du temps de Cicéron ; les mots celtiques, dit Gébelin , y sont très reconnaissables

Le second âge commence à peu près à la seconde guerre Punique. A cette époque , la langue subit une révolution, et ce ne furent pas des romains qui la firent. Des esclaves , des affranchis , des africains et des grecs, transportés à Rome , adoucirent la langue de leurs vainqueurs. Avec les richesses de Carthage , les dépouilles de l'Asie , les chefs-d'œuvre de la Grèce , entrèrent en triomphe, dans Rome, le luxe qui corrompit les mœurs, le goût et la passion de l'étude qui polirent les esprits.

La langue cependant fut encore longtemps à s'épurer ; on le voit par la comparaison des mots de cet âge avec ceux du suivant. Quelle différence entre Ennius et Virgile !

Le troisième âge fut brillant , mais dura peu : c'est le beau siècle , celui des Cicéron, des Virgile, des Horace, de la haute éloquence , de la belle poésie. On étudiait les chefs-d'œuvre de la Grèce , on les imitait dans la langue nationale. La jeunesse courait en foule à Athènes ; des poètes , des orateurs , déjà formés , allaient épurer leur goût, perfectionner leurs talens , dans cette ville célèbre qui , dans ses revers , avait conservé la supériorité du génie.

Nous terminerons ces observations par la citation de deux passages de Rollin sur la prononciation latine , et , sur la méthode à adopter dans l'enseignement de cette langue.

Il est absolument nécessaire de bien connaître la nature des lettres et le rapport qu'elles ont entre elles. Cette connaissance sert à distinguer l'harmonie et la cadence des périodes, à découvrir l'étymologie de certains mots, et quelquefois même à entendre, dans les auteurs, des endroits forts obscures, ou à restituer des passages corrompus.

Les latins en parlant faisaient toujours sentir la quantité des voyelles, et distinguaient toujours dans la prononciation, les longues des brèves. Ils confondaient quelquefois l'*e* et l'*i* dans l'écriture, et apparemment aussi dans la prononciation.

La voyelle *u* était toujours prononcée *ou*; c'est encore ainsi que la prononcent les italiens et les espagnols. Au lieu de *cuculus*, on disait donc *coucoulous*, d'où vient le mot *coucou*. Cette prononciation donne au latin une grâce et une douceur particulière.

Les liquides *l, m, r, n*, se prononçaient avec vitesse; l'*m* qui a un son un peu sourd, se retranchait dans l'écriture à la fin des mots et ne se prononçait presque pas.

L'*s* se retranchait aussi souvent à la fin des mots dans la prononciation, à cause du son sifflant qu'elle fait entendre; mais au milieu des mots et au commencement, on la faisait toujours sonner et on la prononçait pleinement.

Quintillien dit que le *t* se prononçait, chez les latins, d'une manière très douce et qui répandait beaucoup d'agrément dans le discours.

On faisait fortement sonner l'aspiration, surtout devant les voyelles, ce qui donnait, en même tems de la force et de la grâce à la prononciation.

On doit conclure de ces observations que la manière dont les romains parlaient le latin, était très différente de celle dont nous le prononçons aujourd'hui; qu'ainsi

leur prose et leurs vers perdent une grande partie de leur
grâce dans nôtre bouche, comme nous voyons que les
nôtres sont entièrement défigurés par les étrangers qui
ignorent nôtre manière de prononcer. Ils avaient mille
délicatesses en prononçant qui nous sont entièrement inconnues. Ils distinguaient l'accent de la quantité, et ils
savaient fort bien relever une syllabe sans la faire longue
ce que nous ne sommes pas accoutumés à observer. Ils
avaient même plusieurs sortes de longues et de brèves
dont ils faisaient parfaitement sentir la différence. Le
peuple était fort délicat sur ce point, et Cicéron témoigne
qu'on ne pouvait faire une syllabe plus longue ou plus
brève qu'il ne fallut, dans les vers d'une comédie, que
tout le théâtre ne s'élevât contre cette mauvaise prononciation, sans qu'ils eussent d'autres règles que le discernement de l'oreille, qui, étant accoutumée à sentir la
différence des longues et des brèves, comme aussi de
l'élévation ou de l'abaissement de la voix, ne permettait
pas la plus légère faute.

Après avoir fait observer que les premières règles données pour apprendre le latin, doivent être en français,
parce qu'il est naturel de passer d'une chose connue et
claire à une chose inconnue et obscure, Rollin examine
si on doit commencer par le thème ou l'explication des
auteurs. A ne consulter que le bon sens et la droite raison, dit-il, il semble que la dernière méthode doive être
préférée, car, pour bien composer en latin, il faut connaître les tours, les locutions de cette langue, et avoir
fait amas d'un nombre assez considérable de mots, dont
on sent bien la force et dont on est en état de faire une
juste application. Or, tout cela ne se peut faire qu'en
expliquant les auteurs, qui sont comme un dictionnaire
vivant et une grammaire parlante, où l'on apprend, par

l'expérience même, la force et le véritable usage des mots, des phrases et des règles de la syntaxe.

L'université, toujours prévoyante et sage, ne se borne point exclusivement à l'une de ces méthodes ; elle les adopte toutes deux, mais les tempère l'une par l'autre, et il semble même qu'elle désire, surtout au commencement des études, voir consacrer plus de temps à la version qu'au thème.

Après avoir fait ressortir tout ce qu'il y a de petit et d'absurde dans le dedain superbe de notre époque pour les chefs-d'œuvre de l'antiquité, et avoir prouvé que c'était toujours dans l'histoire de la Grèce et de Rome qu'on puiserait les plus sublimes inspirations de l'amour de la patrie et de la liberté, M. Charpentier, qui occupe avec tant de distinction une des premières chaires de la capitale, ajoute :

« L'étude des anciens se rattache essentiellement à la
» connaissance du cœur humain, au développement de
» l'imagination, à l'intelligence des langues modernes;
» non seulement elle n'affaiblit et ne comprime point la
» vigueur du génie, mais elle lui prête encore une force
» nouvelle, semblable à ces armures de l'ancienne che-
» valerie qui fortifiaient ceux qui étaient assez robustes
» et assez patiens pour les supporter. »

Qu'on se garde bien de penser que l'étude des langues anciennes doive ou puisse exclure, dans l'éducation publique, celle des langues modernes. La communauté du langage est un bienfait qui, bien plus que tous les autres, sert merveilleusement les intérêts de l'humanité ; il est bien autrement puissant que les canaux, les chemins de fer et tant d'autres moyens de communication, enfantés chaque jour, et dont nous sommes loin de nier l'immense utilité. On aime à entrer en relations avec ceux

dont on comprend le langage ; on étudie leurs lois, leurs
mœurs , leurs coutumes avec plus d'empressement et de
plaisir ; on oublie plus facilement les susceptibilités de
peuple à peuple , et on est mieux disposé à ne regarder
les hommes que comme une grande famille , dont tous
les membres ont les mêmes droits et les mêmes devoirs.

C'est surtout vers l'étude des langues que parlent les
peuples rivaux de la France qu'il faut diriger les efforts
de la jeunesse. Les grands intérêts européens se débat-
tront toujours entre la France , l'Allemagne et l'Angleterre ; ces trois grandes nations marcheront à la tête de
la civilisation , ou se prendront corps à corps pour se
disputer le premier rang. Dans l'un et l'autre cas, il faut
reconnaître la nécessité, ou du moins la grande utilité de
parler leurs langues , pour les hommes qui doivent un
jour figurer dans la lice , et que leur génie et leur noble
cœur appelleront à devenir les plus solides appuis de la
gloire nationale.

L'espagnol et l'italien n'ont qu'une importance secondaire, à la vérité ; mais elle ne doivent pas pour cela être
mises en dehors de notre système d'enseignement.

Jusqu'à la fin du quatrième siècle de l'ère chrétienne ,
on tenta des efforts assez constans pour l'étude des langues ; mais, à partir de cette époque , on peut dire que
la léthargie de l'esprit humain ne cessa qu'au seixième
siècle. Cet heureux réveil fut dû surtout à la prise de
Constantinople, qui jeta tout à-coup dans plusieurs parties de l'Europe une grande quantité de livres et de savans, et par l'invention de l'imprimerie qui répandit ra-
pidement l'instruction , en multipliant les moyens de
l'acquérir. Parmi les études qui se ranimèrent , celle des
langues fut une des premières, à raison du besoin d'entendre et d'interpréter les livres anciens. Un grand

nombre de matériaux avaient été préparés pendant le
seixième et le dix-septième siècles sur l'origine des langues, lorsque Guillaume né à Leipzig, le 3 juillet 1646,
sortant de la route frayée, posa d'une manière plus nette
la question de l'étude des langues. On trouve dans sa
dissertation sur l'origine des peuples, publiée en 1710,
déduite principalement des indices de leurs langues,
le passage suivant :

  « L'étude des langues ne doit pas être conduite par
» d'autres principes que ceux des sciences exactes Pour-
» quoi commencer par l'inconnu avant d'arriver au connu?
» Le bon sens n'indique t-il pas d'étudier d'abord les
» langues modernes qui nous sont palpables, afin de les
» comparer l'une à l'autre, de constater leur différence
» ou leur affinité, et de passer ensuite aux langues qui les
» ont précédées dans les siècles antérieurs, afin de rendre
» sensible leur filiation, leur origine, et, par ce moyen,
» remonter d'échelon en échelon aux langues les plus
» anciennes, dont l'analyse doit fournir les seules con-
» clusions que nous puissions nous permettre? »

Ces paroles du grand Leibuctz sont plus puissantes
que toutes les raisons pour faire ressortir l'importance
de l'étude des langues modernes.

On songea sérieusement, vers la fin du siècle dernier
et au commencement de celui-ci, à mettre de l'ordre dans
les matériaux entassés, pendant deux cents ans, sur l'origine, les progrès et la variété du langage. L'impératrice
Catherine II stimula, à cet égard, le zèle du professeur
Pallas, qui fit paraître en 1786 un célèbre ouvrage, écrit
en langue russe, et intitulé, *Vocabulaire de toutes les
langues du mondes*, au nombre de plus de deux cents.

En 1800, un prêtre espagnol, Lorenzo Hervas publia
le *Catalogue des langues des nations connues, dénombrées*

et classées selon la diversité de leurs dialectes et idiômes.

En 1806, parut à Berlin un troisième ouvrage intitulé, *Mithridates ou science générale des langues*, avec le *pater noster*, traduit en plus de cinq cents idiômes ou dialectes. Adelung envisage son sujet moins sous le point de vue historique que sous l'aspect philosophique. Il s'applique surtout à étudier les opérations de l'esprit humain dans la construction du langage, dans ce qu'on appelle la *syntaxe*, ordre ou disposition des idées.

Voilà les sources où peuvent puiser avec confiance tous ceux qui veulent sérieusement se livrer à l'étude des langues.

CHAPITRE XIII.

ANALOGIE DANS LA MÉTHODE ET LA PONCTUATION.

MÉTHODE.

Le mot *méthode* vient d'un mot grec qui signifie *au -delà*, *à travers*, *voie*, *chemin*.

La méthode est donc l'art d'arriver à un but par la voie la plus convenable.

La méthode est indispensable dans toutes les productions de l'esprit ; sans elle, tout est obscurité et embarras, avec elle, tout devient clair et facile.

On pourrait dire que la méthode n'est rien autre chose que *l'ordre*, *la règle*, *l'arrangement* des moyens de persuasion

La méthode, dans un ouvrage, dans un discours, est, dit **M.** de Jaucourt, l'art de disposer ses pensées dans un ordre propre à les prouver aux autres, ou à les leur faire comprendre avec facilité. La méthode est comme l'architecture des sciences ; elle fixe l'étendue et les limites de chacune, afin qu'elles n'empiètent pas sur leur terrain respectif ; car ce sont comme des fleuves qui ont leurs rivages, leurs sources et leurs embouchures.

« Lorsque je lis, dit Addisson, un auteur plein de » génie, qui écrit sans méthode, il me semble que je » suis dans un bois rempli d'une quantité de magnifiques

11

» objets, qui s'élèvent, les uns parmi les autres, dans la
» plus grande confusion du monde. Lorsque je lis un dis-
» cours méthodique, je me trouve, pour ainsi dire, dans
» un lieu planté d'arbres en échiquier, où, placé dans ses
» différens centres , je puis voir toutes les lignes et tou-
» tes les allées qui en partent. Dans l'un , on peut rôder
» une journée entière et découvrir à tout moment quel-
» que chose de nouveau ; mais, après avoir bien couru,
» il ne vous reste que l'idée confuse du total : dans l'au-
» tre , l'œil embrasse toutes les perspectives , et vous
» en donne une idée si exacte, qu'il n'est pas facile d'en
» perdre le souvenir.

» Ce manque de méthode n'est pardonnable que dans
» les hommes d'un grand savoir et d'un vaste génie, qui,
» d'ordinaire, abondent trop en pensées pour être exacts,
» et qui , à cause de cela même , aiment mieux jeter
» leurs perles à pleines mains devant leurs lecteurs, que
» de se donner la peine de les enfiler. »

Comme tous les efforts de l'homme ont pour but la
recherche ou l'enseignement de la vérité , la méthode
sera toujours convenablement observée, quand il y aura
un ordre sévère dans cette recherche et dans cet enseignement.

On distingue deux sortes de méthodes , *l'analyse* ,
appelée méthode de résolution , et la *synthèse* , ou méthode de composition.

L'analyse divise un objet en ses parties et les discute
ensuite les unes après les autres, en commençant par
les notions particulières et les conséquences, et continuant jusqu'à-ce qu'on arrive aux principes généraux.

L'analyse peut donc être comparée à un arbre généa-
logique qui de la connaissance des descendans, remonte
à la connnaissance de la souche commune , c'est-à-dire ,

du fils au père , du père à l'aïeul , de l'aïeul au bisaïeul ,
et ainsi de suite tant qu'il est nécessaire. Cette méthode
part des conséquences connues , des faits particuliers ,
pour arriver à une vérité inconnue.

> L'âme de l'homme est un principe pensant :
> Or un principe pensant est immatériel ;
> Donc l'âme de l'homme est immatérielle.

Il est visible que l'analyse est observée dans ce raisonnement , puisqu'en le formant , on part d'une chose très
connue et d'un fait particulier , pour arriver à un principe général.

La synthèse est une méthode par laquelle , au lieu de
diviser un objet , on recherche les parties d'un tout divisé , en commençant par le principe de cet objet jusqu'à-ce qu'on arrive aux conséquences les plus éloignées.

La synthèse peut être comparée à un autre arbre gé-
néologique , qui de la connaissance de la souche , conduit à celle des descendans. C'est par la synthèse que
dans le raisonnement qui suit , on prouve l'immortalité
de l'âme.

> Ce qui ne peut périr par la dissolution de ses parties est
>   immortel :
> Or l'âme ne peut périr par la dissolution de ses parties ;
>   car un sujet simple n'a pas de parties.
> Or l'âme est un sujet simple ;
> Car ce qui pense est un sujet simple ;
> Or l'âme pense :
> Donc l'âme est un sujet simple :
> Donc un sujet simple ne peut périr par la dissolution de
>   ses parties ;
> Donc l'âme ne peut périr par la dissolution de ses parties :
> Donc l'âme est immortelle.

Il est visible que la synthèse est employée dans ce raisonnement , puisque du principe général énoncé dans la

majeure , on parvient à prouver cette thèse particulière, qui en est la conséquence , *l'âme est immortelle.*

On peut reconnaître par ces exemples que l'une de ces méthodes commence là où l'autre finit, c'est-à-dire, que de la connaissance du principe, l'une parvient à celle des conséquences , tandis que l'autre remonte à la connaissance du principe en partant de celle des conséquences.

Cependant ces deux méthodes ont des règles communes que nous allons exposer.

1. On ne doit donner son assentiment à une chose qu'après l'avoir bien examinée.

2. Quand on fait des recherches, il faut les commencer par les choses faciles ; et par là on arrive peu à peu à la connaissance de celles qui sont plus difficiles.

3. Dans tous les raisonnemens on doit apporter cette clarté qui est compagne de l'évidence, et ne point passer d'une proposition à une autre , sans établir entre elles une connexion qui en facilite l'intelligence.

4. Ne laisser aucun terme obscur ou équivoque sans le définir.

Les règles particulières à la synthèse consistent à donner d'abord les définitions des choses et des mots , ensuite à exposer les axiômes , ayant soin de ne prendre comme tels que des propositions parfaitement évidentes et de recevoir pour évident tout ce qui n'a besoin que d'un peu d'attention pour être reconnu véritable par tout le monde , enfin à montrer les principes et les conséquences.

Pour avoir des exemples complets de la marche et des règles de la synthèse , il suffit de lire les ouvrages des géomètres. On ne traite nulle part les matières avec plus d'ordre , et avec des démonstrations plus exactes.

Les règles particulières à l'analyse consistent à exposer

avec soin l'état de la question ; à prendre pour point de
départ un fait primitif , naturel, bien constant et unani-
mement reconnu , à ne jamais confondre les rapports
que nous saisissons dans les choses , enfin à n'exprimer
jamais des aperçus personnels, relatifs , conditionnels et
variables , par des propositions absolues , générales et
immuables.

PONCTUATION.

Si l'homme , après avoir employé les premiers signes
de ses idées à exprimer les jugemens qu'il portait des
objets , se fut borné à la simple énonciation de la proposition, il n'existerait point de règle sur l'art de ponctuer.
Mais il alla plus loin , et de plusieurs propositions liées,
qui n'étaient dans le principe que des tableaux détachés,
il forma des tableaux plus complets , où la pensée se
trouvait représentée avec tous les développemens dont
elle était susceptible.

Néanmoins, chacun de ces tableaux, quoique faisant
partie d'un tout , étant distinct et séparé pour l'esprit ,
chacune de ses parties resta également distincte ; et il
fut facile aux esprits exercés d'appercevoir ces sortes de démarcations, et de les exprimer par des signes.
Ce sont ces signes dont la destination fut d'abord d'indiquer ces distinctions entre les différens membres d'une
période , qui constituent cette partie essentielle de la
grammaire générale, connue sous le nom de *ponctuation*.

On a communément de très fausses idées sur la ponctuation ; bien peu de personnes paraissent convaincues
de son importance et de sa nécessité ; beaucoup la regardent même comme indiquant des signes purement matériels et sans liaison avec la logique. C'est cependant à
la logique qu'appartiennent la plus part des règles de la

ponctuation , et pour bien les saisir, il faut beaucoup de réflexion et un jugement très sûr. Il ne s'agit pas moins que de bien saisir tout l'ensemble de la plus longue et de la plus nombreuse période ; de bien connaître tout ce qui en lie les différentes parties , et surtout de bien juger de la juste mesure des intervalles que l'esprit apperçoit entre tous ces membres divers. Il faut , dans le tableau de la pensée, savoir distinguer ce qui est principal de ce qui est accessoire , ce qui est incident de ce qui est subordonné. Il faut enfin avoir assisté, en quelque sorte, à la génération successive des idées , pour indiquer, d'une manière sûre , l'espèce de signe qui convient à chaque section du même tableau. On peut dire hardiment que pour connaître l'art de ponctuer , il faut connaître l'art d'écrire , et qu'une ponctuation sévère suppose la connaissance exacte de toute la science grammaticale.

Un grammairien célèbre définit la *ponctuation* : « L'art
» d'indiquer les endroits , où l'on se repose , *dans la*
» *lecture* , pour reprendre la respiration ? Mais la ponc-
» tuation a eu certainement , même dans son origine ,
» une destination plus noble. Elle a toujours été la partie
» complémentaire du système général de l'art de la pa-
» role. On n'a , pour s'en convaincre , qu'à décomposer
» une période : c'est dans un tel travail qu'on découvrira
» les raisons de tous les signes de la ponctuation. »

Rien sans doute n'est plus facile que d'apprendre à connaître la figure matérielle des signes employés ; mais les employer à propos , voilà le difficile. « C'est là une
» véritable science , a dit Beauzée , dont les principes
» sont nécessairement liés à une métaphysique très
» subtile que tout le monde n'est pas en état de saisir et
» de bien appliquer. »

Le même grammairien définit la ponctuation : « L'art

» d'indiquer dans l'écriture , par des signes reçus , la
» proportion des pauses qu'on doit faire en parlant. »

Pour rendre cette définition plus exacte , peut être
faudrait-il y ajouter ce que Beauzée dit plus loin , *que la
ponctuation sert surtout à distinguer les sens partiels qui
constituent un discours , et la différence des degrés de subordination qui conviennent à chacun de ces sens.*

Les signes de ponctuation sont : la virgule , le point-
virgule, les deux points, le point,le point d'interrogation,
le point d'exclamation , l'alinéa, le trait-d'union le trait
de séparation, les points suspensifs , la parenthèse et les
guillemets.

Le tréma et les accens appartiennent spécialement à
l'orthographe.

DE LA VIRGULE.

Plusieurs sujets de suite liés à la même qualité , suivis
d'un seul et même verbe, ou même de plusieurs, doivent
être séparés par des virgules.

Le motif de cette séparation , c'est que chaque sujet
formerait une proposition complète , et qu'une proposition doit toujours être distincte de plusieurs complé-
mens ou objets d'action.

Exemple pour différens sujets :

Les leçons de la fortune , les talens de l'esprit , l'élégance
des formes ne sont rien auprès de la vertu.

Exemple pour les qualités ou adjectifs :

Le vrai courage est généreux, sensible, compatissant, prévenant..

Exemple pour les objets :

La mort ne distingue ni les âges , ni les rangs , ni la fortune , ni la pauvreté

Exemple pour les actions :

Il cria , frappa , tonnât , et mourut de colère.

En général, on place la virgule entre chacun des objets d'une énumération quelconque.

On la place entre deux sujets qu'une conjonction ne sépare pas matériellement mais que sépare la différence de sens :

> La haine pour toute espèce de tyrannie , l'attachement pour le juste et l'honnêté annoncent dans une âme l'amour de la véritable liberté.

Quand les sujets sont unis par une conjonction , cette conjonction exclut la virgule. Alors le sens ne sépare pas les deux sujets , et ces sujets ont entre eux quelques rapports de ressemblance :

> La fermeté et la justice sont de précieuses qualités dans un prince.

On met encore la virgule entre les deux membres d'une période, quand aucun de ces deux membres ne se trouve sous-divisé :

> La vertu fait le bonheur de l'homme , quoiqu'elle exige souvent de lui des sacrifices pénibles.

Quand une période est composée de plusieurs propositions, chacune de ces propositions doit être séparée des autres par une virgule ; mais quelque longue que soit une phrase , si elle est simple , il ne faut en suspendre le sens par aucun signe de ponctuation.

Il ne faut jamais placer de virgule entre le mot régi et celui qui le régit :

> L'homme qui ne combat pas ses mauvais penchans, sera tôt ou tard le jouet de ses passions.

Toute phrase incidente qu'on pourrait retrancher sans nuire au sens de la phrase principale , doit être enfermée entre deux virgules , surtout quand cette phrase incidente est explicative du sujet principal :

> Les plus grands talens , qui sont de grands dons du ciel , valent moins que les qualités du cœur.

Dans la ponctuation on a bien plus d'égard à la constitution logique de la phrase qu'à la constitution grammacale et l'indication du repos n'est que d'une importance bien secondaire. On peut s'en convaincre par ce qui vient d'être dit sur la virgule, et ce qui suivra en sera une preuve non moins puissante.

En résumé, on place la virgule entre chacun des objets d'une énumération quelconque, entre deux sujets qu'aucune conjonction ne sépare matériellement ; entre deux propositions qui composent une phrase, quand chacune de ces propositions est simple et ne peut être divisée ; entre les divers membres d'une période; avant et après toute proposition incidente explicative ; après les tours elliptiques qui sont de véritables propositions ; enfin devant le complément éloigné d'un verbe qui a aussi un complément prochain, le complément éloigné pouvant toujours être transposé, et toute transposition devant être séparée par la virgule.

DU POINT.

Le point désigne un sens complet. Il se place entre toutes les phrases qui n'ont, entre elles, aucun rapport grammatical.

Il y a trois sortes de points :

Le point simple, le point interrogatif et le point exclamatif.

Le premier indique d'une manière absolue la fin d'une phrase.

Le second termine toute question.

Le troisième est le signe des mouvemens d'une âme agitée.

Exemple du point simple :

Celui qui délibère sur une bonne action, n'est pas digne de la faire.

Exemple du point d'interrogation :

> Ne m'as tu pas flatté d'une fausse espérance ?
> Puis-je sur ton récit fonder quelque assurance ?

Exemple du point admiratif :

> Punissez l'assassin , Dieux qui le connaissez !
> . . . .
> Soleil ! cache à ses yeux le jour qui nous éclaire,
> Qu'en horreur à ses fils , exécrable à sa mère ,
> Proscrit , abandonné , errant dans l'univers ,
> Il rassemble sur lui tous les maux des enfers ,
> Et que son corps sanglant , privé de sépulture ,
> Des vautours dévorans devienne la pature !

Après avoir parlé des différentes sortes de *points* , il paraît convenable de faire connaître le signe d'un repos encore plus grand et plus sensible. Ce signe s'appelle *alinéa* , ainsi nommé , parce qu'on interrompt la ligne , et qu'on en recommence une autre, sans y être obligé.

On fait un alinéa toutes les fois qu'on passe d'un objet à un autre , qu'on veut . en quelque sorte , laisser le temps de réfléchir sur celui qui vient d'être traité.

DU POINT-VIRGULE ET DES DEUX POINTS.

Nous avons déjà dit que quand la proposition est simple , elle n'admet que le point , exemple :

> La rosée donne à la verdure plus de fraicheur et d'éclat.

Dans la proposition composée , quand les deux sujets sont liés par une conjonction , le point est aussi le seul signe qu'on puisse admettre , exemple :

> La morale et la religion nous consoleront de tous nos maux.

Si la proposition renferme ou plusieurs sujets, ou plu-

sieurs actions , sans avoir cependant plus d'un membre ,
il faut admettre la virgule , exemple :

La colère , là haine , l'ambition sont nos plus cruels tyrans.

Lorsqu'il y a deux membres de phrases, et que chacun
de ces membres est une proposition simple , où l'on ne
peut rien diviser, on se sert encore de la simple virgule,
exemple :

Le courage fait les héros , la vertu fait les sages.

Mais si chaque membre se composait d'une autre idée
et exigeait la virgule, il faudrait alors recourir au point-
virgule , exemple :

Le courage qui fait les héros , en leur faisant affronter
les plus grands dangers ; la vertu qui fait les sages ,
en les rendant supérieurs aux passions , établissent
une grande différence entre les uns et les autres.

Ces deux membres ne sont plus aussi simples qu'ils
l'étaient; chacun à un complément, et une virgule sépare
ce complément de la proposition à la quelle il est attaché.
Il y a une séparation plus grande entre le sens de chaque
membre et son complément, et s'il faut une virgule pour
une séparation quelconque , il faut un signe particulier,
capable d'indiquer une plus grande pause pour une plus
grande séparation. Ce signe est le point-virgule , supé-
rieur à la simple virgule et inférieur au point.
On fait donc usage du point-virgule quand une phrase
renferme plusieurs propositions et que chaque proposition peut être séparée de son complément par une virgule. Alors , comme la séparation des deux propositions
est plus grande et plus sensible que celle d'une des deux
propositions est de son complément , il faut nécessairement , pour distinguer cette séparation , un signe plus
grand que la virgule.

Quand on lie plusieurs propositions qui, dans l'esprit, dépandent les unes des autres, pour former un seul tableau, on forme un tout nommé *période*. Dans ce tout, les différentes parties sont plus ou moins séparées entre elles ; il faut donc aussi différens signes de séparation et de repos. De là, outre le point virgule, l'invention des *deux points*.

On les emploie quand, ayant déjà employé la virgule, on a encore un autre repos à marquer.

On s'en sert encore dans les énumérations, et pour annoncer une citation, voici un exemple :

« Avoir parcouru l'un et l'autre hémisphère, traversé » les continens et les mers, surmonté les sommets sour- » cilleux de ces montagnes embrasées, où des glaces » éternelles bravent également et les feux souterrains » et les feux du midi : s'être livré à la pente précipitée » de ces cataractes écumantes, dont les eaux suspendues » semblent moins rouler sur la terre que descendre des » nues avoir pénétré dans ces vastes déserts, dans ces » solitudes immenses, où l'on trouve à peine quelques » vestiges de l'homme, où la nature, accoutumée au » plus profond silence, doit être étonnée de s'entendre » interroger pour la première fois : avoir plus fait, en » un mot, pour la gloire des lettres, que l'on ne fit ja- » mais pour la soif de l'or : voilà ce que connaît de vous » l'Europe, et ce que dira la postérité. »

C'est au célèbre Lacondamine que s'adresse ce superbe morceau.

En général, tout membre d'une période doit être matériellement séparé du membre suivant par un signe quelconque de ponctuation ; ce doit être par la virgule seulement ; quand ce membre ne contient qu'une proposition simple dont les parties ne peuvent être divisées ; c'est par le point-virgule, quand étant formé de deux propositions, ces deux propositions sont séparées par une virgule; c'est par les deux points, quand le point-virgule a été employé déjà pour la séparation des parties qui composaient ce premier membre.

Les deux points et le point-virgule ne peuvent jamais se trouver dans la phrase simple. Les deux points sont d'un usage plus fréquent, puisqu'on peut s'en servir, comme du point-virgule, non seulement dans la période et dans la phrase composée, pour distinguer chacun de leurs membres, mais encore, ainsi que nous l'avons déjà dit, dans les énumérations, et quand on annonce une citation ou un exemple, voici :

> S'élevant contre moi, de la nuit éternelle ;
> La voix de mes aïeux, dans leur séjour m'appelle,
> Je les entends crier : « Nous régnons et tu sers :
> Nous te laissons un sceptre, et tu portes des fers ! »

TRAITS D'UNION ET DE SÉPARATION.

Le trait d'union est une petite ligne tirée d'un mot à un autre pour n'en faire qu'un seul, exemple : *Chef-d'œuvre, chat-huand, point-d'orgue.*

Le trait de séparation est une petite ligne qui dispense, dans le dialogue, d'employer ces formules froides et traînantes, *dit-il*, *répondit-il*, exemple :

> Chemin faisant, il vit le cou du chien pelé.
> Qu'est-cela, lui dit-il?—Rien—Quoi! Rien?—Peu de chose.
> Mais encore?—Le collier dont je suis attaché,
> De ce que vous voyez est peut être la cause.

DES POINTS SUSPENSIFS.

Les points suspensifs servent à faire entendre beaucoup plus que ne dit l'écrivain ; ils laissent au lecteur le soin d'achever le sens que l'auteur n'a fait que commencer, exemple :

> Pour appaiser les Dieux , je priai..... je promis.....
> Non , je ne promis rien , Dieux cruels , j'en frémis.....
> Neptune , l'instrument d'une indigne faiblesse ,
> S'empara de mon cœur et dicta la promesse !

DE LA PARENTHÈSE ET DES GUILLEMETS.

La parenthèse est un double crochet qui sert à renfermer une note explicative , au milieu d'une phrase , sans en interrompre le sens , exemple :

> Que peuvent contre lui (Dieu) tous les rois de la terre ?

Les guillemets sont deux virgules unies qu'on met à côté du mot par lequel on commence une ligne. Ils avertissent que tout ce qu'ils précèdent , est une citation , et n'appartient pas à l'auteur.

CHAPITRE XIV.

TABLEAU DES PROGRÈS DE LA SCIENCE GRAMMATICALE.

Dans les arts et les sciences la théorie n'est venue qu'après la pratique. On a vu de grands orateurs, de grands poètes, avant de connaître les règles de la rhétorique et de la poésie. De même il y a eu des hommes qui parlaient et raisonnaient très-bien, avant qu'il y eut des logiciens et des grammairiens. En examinant les œuvres du génie, on a reconnu que les moyens employés pour arriver au but, étaient naturels et puissans, et de ces moyens, réduits en règles, on a formé un corps de préceptes auquel on a donné le nom de rhétorique, de poétique, de logique ou de grammaire. L'étude de ces préceptes ne suffit pas sans doute pour réussir dans les arts et les sciences ; il faut pour cela tenir de la nature des dispositions dont elle est avare ; néanmoins la connaissance des règles est nécessaire pour arrêter l'imagination et servir de frein au génie qui, sans cela, pourrait s'égarer quelquefois. Cette étude rassemble, en quelque sorte, en un seul faisceau, les rayons de lumière épars de tous côtés ; elle ordonne les parties de la science, de manière que l'ensemble en puisse être saisi avec plus de facilité ; enfin, elle épargne des recherches pénibles et permet de tenter de nouveaux efforts pour accroître le domaine des connaissances humaines qui resterait bien borné, s'il fallait toujours recommencer les mêmes épreuves et ne faire que ce qu'ont déjà fait nos ancêtres.

Les mots étant les signes de nos idées et la grammaire n'étant que la science des mots, on conçoit qu'elle se lie intimement à la logique, à la rhétorique et à la philosophie. En effet, tout ce qui précède ne prouve t-il pas qu'il faut habillement raisonner pour disposer les mots dans les phrases et donner à chacun la place qu'il doit occuper. Les mots une fois trouvés, ne faut-il pas en connaître toutes les acceptions, démêler leur sens propre et leur sens figuré, les classer en différentes familles, les soumettre aux règles de la concordance et du régime; tout cela peut-il se faire sans logique ?

L'union intime de la grammaire avec la logique deviendra bien plus palpable, si, après avoir analysé le discours, on le considère dans sa composition. N'est-ce pas à l'aide de la logique qu'on énonce d'abord une vérité par la combinaison de termes simples, qu'ensuite en combinant ensemble deux vérités, on en produit une troisième, et qu'en continuant ainsi de l'une à l'autre, on forme une démonstration, et on ouvre en quelque sorte la route qui conduit dans les régions de la science.

C'est surtout par cette composition qui ne s'applique qu'à notre raison que l'on parvient à constituer l'art de la logique ou du raisonnement.

La rhétorique ne peut pas se passer du secours de la grammaire, car elle ne consiste qu'à choisir, pour en composer le discours, des termes convenables et d'un usage ordinaire, à les lier ensemble d'une manière flatteuse pour l'oreille, afin de produire de la clarté, de la grâce, de l'abondance, de la précision et toutes les autres qualités de l'éloquence, capables d'entraîner l'auditeur et de former en lui une conviction irrésistible.

Enfin la grammaire prête encore un concours indispensable à la philosophie, qui n'a pour but que de saisir les relations des objets, et qui est chargée spécialement de réfuter l'erreur et de propager la vérité.

Nous aurions dû dire encore que la poésie, langage de l'imagination, par des motifs à peu près semblables à ceux que nous venons de donner, se lie non moins intimement avec la grammaire.

La grammaire peut donc être considérée comme la base de toutes les connaissances humaines qu'elle précède et qu'elle sert à acquérir et à enseigner.

« Dieu a créé l'homme susceptible de raison, dit
» Sanctius, et, l'ayant destiné à l'état social, un des plus
» beaux présents qu'il lui ait faits, c'est la *faculté de*
» *parler*. Or, trois choses concourent au développement
» de cette faculté : la *grammaire* d'abord qui sert à éviter
» ter les barbarismes et les solécismes dans le discours ;
» la *logique* ensuite, qui a pour objet la recherche de la
» vérité, et enfin la *rhétorique* qui ne s'occupe que des
» ornemens du discours.

A ceux qui dédaignent l'étude de la grammaire, parcequ'elle s'occupe nécessairement de détails minutieux, nous répondrons par le trait historique suivant :

« Lorsque le nom d'Héraclite fut devenu célèbre dans
» toute la Grèce, quelques personnes curieuses de voir
» un si grand homme, se rendirent auprès de lui et le
» trouvèrent occupé à se chauffer dans une cuisine. Surprises de le voir dans un lieu si peu digne de lui, elles
» s'étaient arrêtées à la porte : « Entrez avec confiance,
» leur dit-il, car la divinité habite aussi dans cet asile. »

De même qu'il n'y a point dans la nature d'objet indi-

12

gne des regards de la divinité , de même il n'y a point d'objet dans les sciences naturelles qui soit au-dessous de notre dignité , et indigne de nos recherches.

L'histoire de l'origine de la science grammaticale présente le plus grand intérêt ; s'il était possible d'y porter un degré suffisant d'exactitude , et de lui donner un caractère d'authenticité, qui pût satisfaire les bons esprits, cette histoire serait le meilleur livre élémentaire que l'on pût avoir sur la grammaire, et en même temps un excellent traité de philosophie , puisqu'elle serait aussi l'histoire de nos idées. Mais l'origine des sciences et des arts est environnée de ténèbres épaisses , et il existe à peine quelques monumens sur les quels on puisse établir des conjectures probables. Cependant, s'il est , en quelque sorte , impossible de répandre une lumière satisfaisante sur l'origine de l'art de la parole , du moins ne le sera t-il pas de suivre, d'après les monumens que l'antiquité nous a laissés , l'histoire de ses progrès.

On ne s'était encore occupé d'aucune recherche sur la langue , que déjà les poèmes d'Hésiode et d'Homère faisaient l'admiration de la Grèce. L'histoire nous apprend qu'un citoyen d'Athènes, nommé Pronapidès, et qui passait pour avoir été le maître d'Homère , fit un recueil des expressions consacrées par l'usage , mais sans s'occuper des règles du langage et sans fixer l'emploi de ces mots dans l'expression de la pensée.

Platon qui naquit à Athènes , la troisième année de la 87e olympiade , environ 430 ans avant l'ère chrétienne, fit quelques recherches sur les mots employés dans le discours, et consigna ses observations dans son *Cratylus* qui semble uniquement consacré à cet objet.

Ce livre est ainsi appelé du nom de Cratyle , un des interlocuteurs que Platon y introduit , et qui soutient , contre l'opinion de Socrate et d'Hermogène, que le nom donné à chaque être et à chaque substance est exactement conforme à leur nature , et que tous les hommes reçoivent en naissant l'art ou le talent d'imposer aux objets des noms convenables.

Voici quel est, à ce sujet, l'avis de Socrate, ou plutôt de Platon lui-même :

« Il n'appartient pas à tout individu d'imposer aux
» objets des noms convenables, mais à quelques ouvriers
» ou artistes en ce genre ; ce soin regarde surtout le
» législateur , ouvrier de la plus rare espèce parmi les
» hommes. C'est à la logique à présider à l'invention
» des noms; car ce n'est pas une chose de peu d'impor-
» tance et sur laquelle on puisse s'en rapporter à des
» hommes ignorans et incapables de réfléchir. Cratyle
» soutient peut être avec une certaine apparence de
» raison , que les noms ont une sorte de rapport avec
» la nature des choses, mais il n'y a que celui qui est
» capable d'apprécier ce rapport, à qui il soit permis de
» l'exprimer par les combinaisons des lettres et des voix.
Platon mourut vers l'an 349 avant Jésus-Christ.

Aristote , disciple de Platon , est le premier qui ait établi des divisions systématiques dans les mots.

Ce grand homme était né à Stagyre , petite ville de Macédoine, dans la première année de la 99e olympiade, 384 avant Jésus-Christ. Nicomachus , son père , était médecin du roi Amyntas , aïeul d'Alexandre-le-Grand. Les ouvrages où Aristote a plus particulièrement exposé sa doctrine grammaticale sont sa rhétorique, sa poétique, et son traité de l'interprétation.

Aristote , dans ces ouvrages, a encouru justement le reproche de multiplier à l'excès les subdivisions, et sans nécessité aucune.

Après le siècle de Platon et d'Aristote, la Grèce, avec sa puissance politique, perdit une grande partie de sa gloire littéraire. L'école d'Alexandrie, cette capitale de l'Égypte, tombée au pouvoir de Ptolémée-Lagus, après la mort d'Alexandre-le-Grand, finit par éclipser celle d'Athènes, et ce fut dans ce tems que se forma cette magnifique collection de livres, si connue sous le nom de bibliothèque d'Alexandrie. Cette bibliothèque fut commencée sous les auspices et par les ordres de Ptolémée, prince ami des lettres, et d'après les conseils de Démétrius de Phalère, homme de génie, qui, après avoir été longtemps à la tête du gouvernement, fut indignement chassé d'Athènes, et se réfugia à la cour du roi d'Égypte.

De l'école d'Alexandrie sont sortis un grand nombre d'écrivains illustres dans tous les genres et surtout d'habiles grammairiens.

Un des plus célèbres fut Philétus de Cos, à qui Ptolémée confia l'éducation de son fils.

Plus tard, un des successeurs de ce prince éclairé, Ptolémée-Philométor, confia aussi l'éducation de son fils au fameux Aristarque, dont le nom est devenu commun à tous les critiques judicieux et éclairés, et qui travailla principalement à la révision des poésies d'Homère.

Ce fut Cratès de Mullos, contemporain d'Aristarque, et grammairien comme lui, qui inspira aux Romains le goût des études grammaticales. Il avait été envoyé à Rome, en qualité d'ambassadeur, par Attale II, roi de Pergame, auprès de qui il jouissait de la plus grande considération.

Rome sortait alors de la barbarie, et, parvenue à un haut degré de puissance, sentait le besoin de nouvelles jouissances. Caton, égaré par une fausse politique, déclama longtemps contre l'introduction des arts de la

Grèce; le sénat, entraîné par les craintes que lui suggérait ce grand homme , avait banni , par un édit , les philosophes et les orateurs du territoire de Rome ; mais il n'était pas dans son pouvoir d'arrêter l'essort des esprits. Caton lui-même , revenu de son erreur, se livra dans sa viellesse à l'étude des lettres grecques, avec autant d'ardeur qu'il en avait mis auparavant à les proscrire.

Denys de Thrace , disciple d'Aristarque , après avoir enseigné la grammaire à Rhodes, vint, sous le premier consulat de Pompée, donner à Rome des leçons de son art. Il fit un traité de grammaire bien capable de nous donner une juste idée de la méthode des anciens grammairiens grecs et dont on peut lire une analyse détaillée dans le 11e volume de l'*Histoire ancienne* de Rollin.

Vint enfin l'époque brillante de la littérature romaine, cette époque qui vit naître les Cicéron , les Lucrèce , et une foule de poètes, d'historiens et d'orateurs, dont les ouvrages font encore aujourd'hui nos délices. Jamais la grammaire ne fut cultivée avec plus de soin ; et les grands hommes que nous venons de nommer ne négligèrent aucune des parties de cet art , sentant bien qu'en perfectionnant leur langue , ils perfectionnaient aussi l'instrument de leur gloire.

Cicéron fait en mille endroits l'éloge de la grammaire; il avait permis à Théophraste , surnommé Tyrannion , disciple de Denys de Thrace , de donner des leçons publiques dans sa propre maison.

Marius Tertulius Varron , ami de Cicéron , et qu'on appela le plus savant des Romains , composa neuf livres de recherches sur les causes et l'origine de la langue latine.

Jules-César lui-même avait écrit un traité en deux livres sur l'analogie des mots ; mais cet ouvrage a été perdu.

Sous le règne d'Auguste, après les guerres civiles, les arts furent protégés, et ce prince ambitieux tacha d'effacer les traces du sang qu'il avait si abondamment fait couler, en comblant de ses faveurs Virgile, Horace, Ovide, Varius, et en attirant à Rome les écrivains les plus célèbres de la Grèce. C'est vers ce temps que Denys d'Halicarnasse vint s'établir à Rome. Les ouvrages de cet illustre écrivain sont remplis de détails précieux pour l'étude de la langue grecque et celle de la grammaire comparée.

Après Auguste, le génie fut étouffé avec la liberté par un odieux despotisme. Sous Domitien, les écrivains philosophes subirent une cruelle persécution, et à mesure qu'on avance dans l'histoire de ces temps voués à la tyrannie, on voit le flambeau des arts s'éteindre, ou ne plus jeter, par intervalles, que quelques éclairs d'une lumière pâle et languissante. Nous devons dire cependant que, durant cette période, si fatale à la littérature romaine, on vit quelques princes éclairés et généreux favoriser le génie, et les noms de Vespasien, de Titus, de Trajan, d'Adrien et des deux Antonins resteront toujours chers aux amis des lettres et de la philosophie.

Vers la fin du premier siècle de l'ère chrétienne, sous le règne de Domitien, Quintilien donnait à Rome des leçons de rhétorique. Ce rhéteur célèbre était né sous le règne de l'empereur Claude, avait étudié la rhétorique sous Domitius et fut l'un des plus célèbres orateurs de ce temps.

Quintilien nous a laissé un excellent ouvrage intitulé, *De l'institution de l'orateur*. Dans le chapitre quatrième du premier livre, on trouve l'état de la science grammaticale à cette époque, et ce que dit Quintilien est une preuve de l'estime particulière que les meilleurs esprits faisaient encore de cette science qui cependant com-

mençait à dégénérer de son ancien éclat , soit qu'en
s'éloignant du temps où la philosophie présidait à ses
progrès , elle inspirât moins d'intérêt , soit que les so-
phistes et les déclamateurs , à force de subtilités et de
recherches minutieuses et pédantesques, l'eussent rendue
méprisable aux yeux des hommes incapables de discer-
ner les meilleurs choses de l'abus qu'on en peut faire.

Voici , selon Quintilien , le tableau des qualités et des
connaissances indispensables à un grammairien :

« La profession de grammairien embrasse deux par-
» ties, l'art de parler correctement et l'explication des
» poètes ; et ces choses sont plus importantes qu'on ne
» le suppose quand on n'y a pas réfléchi ; car l'art de
» parler correctement à une liaison intime avec l'art
» d'écrire. Pour expliquer les auteurs , il faut les
» avoir lus avec cette critique judicieuse et sévère qui
» sait apprécier jusqu'aux moindres détails , et pour
» tout cela, il faut joindre la justesse à l'étendue de l'es-
» prit. Je ne parle point de la connaissance des lettres et
» de leur division systématiques , connaissance qu'on
» regarde communément comme frivole et puérile , et
» qui pourtant a des difficultés capables d'exercer la sa-
» gacité des meilleurs esprits ; je ne parle point de la
» prononciation qui doit être pure et correcte , et dont
» il est nécessaire qu'un professeur connaisse les régles,
» pour apprendre à ses disciples à s'énoncer avec grâce
» et avec assurance : mais ne faut-il pas qu'il ait lu et
» discuté toutes sortes d'écrits , s'il veut expliquer l'ori-
» gine , les variations successives et les diverses accep-
» tions des mots ? Ne faut-il pas qu'il ait quelque con-
» naissance des principes de l'harmonie, pour apprécier
» les effets du rhythme et des nombres dans l'art ora-
» toire ? Pourra t-il se dispenser d'avoir une connais-

» sance superficielle des sciences physiques et des prin-
» cipes de la philosophie, s'il veut rendre compte des ap-
» plications continuelles qu'on trouve de ces choses dans
» les ouvrages des poètes ? Enfin, ne faut-il pas que lui-
» même ait acquis le talent de parler et d'écrire, ne faut-
» il pas qu'il ait une sorte d'éloquence, s'il veut traiter
» les diverses parties de son art d'une manière convena-
» ble et propre à intéresser ses disciples ?

Quintilien forma deux illustres disciples, Pline le jeune
et Suétonne ; ce dernier se distingua surtout sous les
règnes de Trajan et d'Adrien, et dans un livre intitulé
des illustres grammairiens, il dit qu'alors les écoles de
grammaire avaient dégénéré de ce qu'elles étaient dans
sa jeunesse.

A cette époque parut aussi Apollonius d'Alexandrie,
dont le traité sur la syntaxe est un des meilleurs ouvrages et des plus philosophiques que les grecs aient écrit
sur leur langue.

Ce grammairien florissait à Alexandrie sous les règnes
d'Adrien et d'Antonin-le-pieux. Il acquit une grande réputation par sa science grammaticale, et ce fut lui qui
forma Hérodianus, son fils, qui eut un grand mérite en
ce genre.

Apollonius fut réduit à une extrême misère. L'auteur
de sa vie prétend que n'ayant pas le moyen d'acheter des
tablettes, il écrivait ses ouvrages sur des coquilles.

Là finit une époque brillante pour les arts. Pendant les
sept ou huit siècles qui suivirent, tout fut désordre, confusion, despotisme. Le nord inonda le midi et lui apporta
son ignorance et sa barbarie ; tous les monumens des
arts furent détruits ou délaissés, et on ne peut citer, à
de longs intervalles, que quelques commentateurs des
philosophes grecs, tels que Thémistius, vers l'an 360

de notre ère, sous le règne de Valens ; Simplicius , dans le cinquième siècle ; Philoponus et Ammonius , dans le sixième , et vers ce même temps , Boèce , patrice et consul de Rome , sous le règne de Théodoric. Boèce commenta le traité d'Aristote, intitulé *de l'interprétation*, c'est-à-dire, de l'expression de la pensée et des diverses espèces de propositions. Boèce , également illustre par ses dignités , ses vertus et ses connaissances , eut la tête tranchée par l'ordre du barbare Théodoric.

Il faut aller jusqu'au commencement du neuvième siècle , jusqu'au règne de Charlemagne , pour voir de nouveau briller sur l'Europe un faible rayon de lumière.

Secondé par le moine Alcuin , appelé d'Angleterre , Charlemagne entreprit de répandre l'instruction dans le vaste empire qu'il avait conquis. Il ouvrit de nombreuses écoles , et il chargea Alcuin de rédiger les traités qui y seraient enseignés.

Alcuin composa une grammaire en forme de dialogues, qui fut enseignée dans toutes les écoles et que nous avons conservée. C'est un ouvrage médiocre , où on trouve plus de travail que de génie , plus de mémoire que de discernement.

Le feu sacré renaissait ; mais les imbécilles successeurs de Charlemagne le laissèrent de nouveau s'éteindre et l'Europe ne sortit pas de la barbarie où elle resta plongée jusqu'au commencement du quatorzième siècle.

Ici commence une ère nouvelle que la barbarie ne viendra plus interrompre , et où les progrès de l'esprit humain vont se montrer d'une manière sensible et incontestable.

La renaissance des lettres est généralement attribuée à la prise de Constantinople , événement arrivé en 1453 et qui força les grecs à se réfugier en Italie. Dès cette époque, on contracta l'habitude, dans le monde savant, de n'écrire qu'en grec et en latin, et cette coutume favorisa singulièrement les relations entre les savans des diverses nations. Il faut reconnaître cependant qu'elle dut retarder le progrès des langues modernes qu'on affecta trop de dédaigner, et qui ne parvinrent que bien lentement à la perfection ou la plupart d'entre elles sont arrivées.

Personne ne nie l'influence de la prise de Constantinople sur les progrès des lettres; néanmoins, dès le quatorzième siècle, le goût de l'instruction s'était déjà répandu dans presque toute l'Italie, et trois illustres écrivains, Dante, Pétrarque et Bocace, avaient acquis une grande gloire, et étaient regardés avec justice comme les restaurateurs du bon goût, les créateurs de la saine littérature et de la langue italienne. On rougissait alors des ténèbres et de l'ignorance des huit derniers siècles, et on se portait avec ardeur vers la lumière qui pouvait les dissiper.

Dans le même temps, Chancer, en Angleterre, Joinville et Froissard en France, les troubadours dans les provinces méridionales polirent et adoucirent les idiômes modernes, et cultivèrent la littérature avec d'autant plus de succès que, de toutes parts, ils étaient recherchés encouragés et honorés.

Mais la grammaire était bien en retard: elle n'existait pas encore pour les langues modernes, et à peine si les principes les plus élémentaires des langues grecque et latine étaient encore connus.

Emmanuël Chrysalon, envoyé par l'empereur de Constantinople, pour solliciter le secours des princes chrétiens contre les turcs, vers la fin du quatorzième siècle, s'étant arrêté à Venise, y donna, pour la première fois, des leçons publiques de la langue grecque. Plus tard , il en donna à Rome , à Pavie, à Florence, et on le regarde comme un de ceux à qui l'occident doit ses premiers progrès dans la connaissance de cette langue. Après sa mort, arrivée au commencement du quinzième siècle, quelques grammairiens qu'il avait formés, continuèrent son œuvre; parmi eux , on doit citer François Philelphe , Léonard d'Arezzo , dit Arétin , et Jean-François Paggio qui fut , sans contredit, le plus illustre de tous.

Cet homme, célèbre par ses recherches sur l'antiquité, était né à Florence , en 1380 , et mourut en 1459. On lui doit d'avoir traduit et publié un grand nombre d'ouvrages anciens , et surtout les institutions oratoires de Quintilien, qu'il déterra dans une vielle tour du monastère de St.-Gal, pendant la tenue du Concile de Constance.

Laurent Valla , né à Plaisance en 1415 , rendit à la langue latine tout l'éclat que les siècles de barbarie lui avaient fait perdre, en se familiarisant avec les meilleurs écrivains de Rome, en poursuivant les mauvais écrivains de son temps , et en flétrissant le jargon barbare et inintelligible de l'école. Ce savant qui avait successivement enseigné la grammaire et la rhétorique à Gênes, à Milan, et à Naples , a laissé un traité , en six livres, des élégances de la langue latine.

En 1440, trente ans avant la prise de Constantinople, l'imprimerie fut inventée. Ce grand événement contribua non moins puissamment que l'autre à faire éclater la révolution qui se préparait dans les lettres.

A cette époque, brillait à Florence Argyropyle, favori de Côme de Médicis , Lascarie à Milan , Théodore de Gaza à Rome. On peut juger de la rapidité des progrès de l'érudition , par l'accueil que ces savans distingués recevaient , et par l'enthousiasme avec lequel la jeunesse écoutait leurs leçons.

Depuis la fin du quinzième siècle jusqu'au commencement du dix-septième, parut, dans toutes les parties de l'Europe, une foule presqu'innombrable d'érudits qui débrouillèrent avec une noble persévérance le chaos de l'antiquité.

Alors l'influence de la langue latine sur le monde savant fut presque sans bornes, malgré les difficultés sans nombre qu'on rencontrait à chaque pas pour nuancer ce langage d'une manière conforme aux idées, aux sentimens, aux usages que les romains n'avaient pu connaître.

En effet, ce sont les mœurs qui donnent au langage sa couleur et sa physionomie. Du moment où les savans s'imposèrent l'obligation de n'écrire qu'en latin, obligation d'ailleurs conforme à la raison, à une époque où les langues modernes étaient si imparfaites et si mobiles, et où pour généraliser la science, il fallait un langage qui n'eut plus rien à gagner, ni à perdre; du moment, disons nous, où le latin fut adopté comme la langue philosophique du monde savant, où il fallut se résoudre à ne se servir que des expressions et des termes consacrés par l'usage des meilleurs écrivains anciens, et par conséquent, à ne pas exprimer une foule d'idées nouvelles, de coutumes, de sentimens et d'opinions; où il fallut créer des mots nouveaux, des locutions nouvelles, alors ces mots furent autant de barbarismes, ces locutions autant de formes étrangères et bizarres qui firent de la langue latine un jargon informe sans grâce, sans force et sans précision.

Cette double difficulté donna naissances aux *Cicéroniens* et aux *Scolastiques*. Les premiers, tenaient pour la pure latinité et particulièrement pour celle de Cicéron, rapportant tout aux institutions romaines et travestissant les coutumes et les mœurs nouvelles; les autres favorisaient le néologisme adapté aux nouvelles institutions.

Erasme, de Roterdam, eut le courage de se moquer des deux partis. On trouve dans les ouvrages de cet homme de mérite, né en 1467, de l'esprit, de la raison et de l'originalité. Il fut un des meilleurs grammairiens du temps.

Les érudits du seizième siècle nous offrent une irrécusable preuve de l'influence du langage sur les mœurs. Ces hommes, étrangers, en quelque sorte, à tout ce qui se passait autour d'eux, formèrent, au milieu de l'Europe, un peuple à part, ayant ses habitudes, ses passions, ses préjugés et sa langue particulière. Mais cette langue n'eut jamais et ne put jamais avoir la souplesse des langues vulgaires, parce que ceux qui la parlaient, dispersés dans une infinité de pays, ne se rapprochaient point assez souvent et ne pouvaient appliquer leur langage aux usages les plus ordinaires de la vie privée. De là cette raideur, cette ignorance absolue des convenances, qui dégénérait quelquefois en grossièreté et en cynisme ; de là, cette vanité pédantesque, cet orgueil ridicule d'hommes incapables d'apprécier les rapports les plus ordinaires, parce qu'ils n'avaient point de moyens assez directs pour les exprimer, et qu'ils vivaient dans un monde purement idéal.

Insensiblement l'autorité des langues grecque et latine déclina ; les langues modernes furent mieux cultivées, ou plutôt moins dédaignées, et une révolution complète dans les idées et les études éclata au commencement du dix-septième siècle. Alors on se borna à l'explication et à la critique des auteurs anciens.

Bacon venait de créer la véritable philosophie. Ce grand homme, dans son magnifique ouvrage, consacré à l'avancement des sciences, après avoir fait sur la gram-

maire quelques réflexions pleines de profondeur, ajoute :
« On pourrait faire un volume d'observations importan-
» tes sur cette matière ; mais il faut surtout distinguer
» la grammaire élémentaire de la grammaire philosophi-
» que qui est encore à naître et qui mérite si essentiel-
» lement de nous occuper. »

Bacon ne fut pas compris de son siècle ; il était trop
au-dessus de lui. On ne l'apprécia dignement que 50
années après sa mort, quand Descartes eut, en quelque
sorte, rempli l'espace qui séparait ce grand homme du
siècle qui l'avait vu naître. Né à Londres en 1560, il
mourut en 1620, après avoir été grand chancelier d'Angleterre sous le roi Jacques 1er.

Bacon divisa en trois parties l'art de transmettre et
d'énoncer nos idées, la doctrine de l'organe, la doctrine
de la méthode et la doctrine de l'ornement, c'est-à-dire,
la grammaire la logique et la rhétorique.

La grammaire se divise en deux parties, l'une qui a le
langage pour objet, l'autre relative à l'écriture ; car,
c'est avec raison qu'Aristote a dit : *les mots sont les signes
des idées, les lettres sont les signes des mots.*

« La méthode de Bacon, dit Garat, a changé la face
» des sciences; les sciences, depuis Bacon, ont changé la
» face du monde. »

L'ancienne mythologie, parmi ses divinités, en avait
une qu'elle représentait avec deux têtes, l'une tournée
vers les siècles écoulés qu'elle embrassait d'un seul regard ; l'autre, vers les siècles à venir qu'elle embrassait
aussi, quoiqu'ils n'existassent pas encore : on dirait que
c'est l'image et l'emblême du génie de Bacon.

Ce fut vers la fin du seixième siècle qu'on s'occupa sérieusement en France de l'étude de la grammaire. Robert-
Étienne publia, en 1558, une grammaire française, et

Henry-Étienne, son fils, fit paraître, en 1566 et en 1579, deux traités sur la même matière, l'un *de la conformité du langage français avec le grec ;* l'autre *de la précellence du langage français.*

Mais, de même que la véritable science grammaticale ne naquit chez les grecs, qu'après que leur langue se fut entièrement perfectionnée, et que les philosophes eurent commencé à l'appliquer aux théories purement spéculatives, de même cette science ne fit de véritables et rapides progrès, que lorsque notre idiôme, ayant déjà acquis le plus haut degré de perfection, nous avons eu des poètes, des orateurs et des philosophes. Ce qui pourrait paraître invraisemblable au vulgaire, et ce qu'il faut admettre cependant, c'est que les progrès de notre langue devinrent plus rapides au milieu des désordres et des guerres civiles du seizième siècle.

Court-de-Gébelin observe avec raison que l'ambition des Guises, et l'animosité des Catholiques et des Protestans contribuèrent sensiblement au perfectionnement de notre langue. « Il fallut, dit cet écrivain, discuter ses » droits et ses prétentions, publier des manifestes, en- » chaîner la nation par l'éloquence. On laissa donc de côté » les grecs et les romains : on écrivait pour des français, » et sur les objets les plus intéressans ; c'était pour dé- » fendre la religion de ses pères, ou celle que l'on ve- » nait d'embrasser ; c'était pour garantir sa vie, sa liberté » son honneur ou ses biens. »

Malherbe, qui mourut en 1628, sous le règne de Louis XIII, dans toutes ses observations sur la grammaire, s'attacha à maintenir la pureté de la langue, et tous ses écrits sont l'application des excellens préceptes qu'il donna à cet égard.

C'est alors que parurent Balzac et Voiture, le premier

remarquable par la dignité et l'abondante harmonie qu'il donna à la prose, l'autre par la grâce et la noblesse qu'il sut donner à la plaisanterie même, genre qui, jusque-là, n'avait été que naïf ou plat.

Enfin, en 1639, l'Académie Française fut instituée spécialement pour conserver dans toute sa pureté le dépôt de la langue : elle travailla sans relâche au dictionnaire connu sous son nom , et qui parut en 1694.

En 1647, Vaugelas, l'un des premiers membres de ce corps illustre , et l'un des meilleurs grammairiens de son temps , publia un ouvrage plein de mérite, intitulé , *Remarques sur la langue française.*

Ménage , en 1650 , publia aussi un ouvrage sur les organes de la langue française , mais qui fut peu goûté et qu'aujourd'hui personne ne lit. Il fit aussi une satyre ingénieuse contre le dictionnaire de l'Académie , ce qui l'empêcha d'être reçu , parmi les quarante immortels.

Vers le même temps , quelques hommes savans et laborieux , s'étaient retirés dans une maison de campagne voisine de Paris , où ils consacraient leurs travaux à l'éducation de la jeunesse , et aux progrès des sciences. Tous les livres élémentaires qui sortirent de là solitude de Port-Royal obtinrent un grand crédit.

Antoine Arnauld , l'un des plus célèbres de ces pieux solitaires , que Pascal défendit dans ses fameuses lettres provinciales , publia *la grammaire générale et raisonnée ,* dont la première édition parut en 1660 , et quelques années après , *la logique ou l'art de penser.* Il travailla au premier de ces ouvrages avec le docte Lancelot, qui avait publié , en 1650 et en 1655 , les méthodes latine et grecque , connues sous le nom de *Port-Royal ,* ouvrages qui sont encore les plus complets et les meilleurs que nous ayions sur ces deux langues. Il travailla au second avec le célèbre Nicole , auteur des *essais de morale* qui eurent alors une réputation méritée.

Nous touchons à la fin du dix-septième siècle , époque brillante de la littérature française. Pierre Corneille avait déjà été admiré ; mais bientôt s'élevèrent des écrivains plus corrects , qui portèrent chez toutes les nations la gloire de notre langue : ce sont les Molière , les Boileau, les Racine , Bossuet, Fénélon , La Fontaine , etc. , qui réunirent aux talens les plus rares ce goût pur et éclairé, ce sentiment heureux et délicat des convenances , dont le charme irrésistible se fait sentir à tous les hommes.

Au nombre des grammairiens qui se distinguaient vers la fin du dix-septième siècle , il faut citer le jésuite Bou=hours qui publia deux ouvrages , l'un , sous le titre de *Doutes* , l'autre , sous le titre de *Remarques* sur la langue française.

L'abbé Régnier Desmarais fit paraître , en 1706 , sa grammaire française ; c'est le premier traité complet qui ait été fait sur la langue.

Vint ensuite le père Buffier qui, deux ans après, donna sa *grammaire sur un nouveau plan* , et qui fit une amère critique de l'ouvrage de l'abbé Régnier Desmarais.

L'abbé Dangeau , de l'Académie Française , publia dans le même temps , plusieurs traités sur presque toutes les parties de la grammaire. D'Alembert dit que, dans tous ses écrits , on trouve une métaphysique nette et précise qui décèle le grammairien philosophe , et non un simple grammairien de faits et de routine.

Dumarsais , en 1722 , tenta d'opérer une révolution dans la science grammaticale , et dans l'enseignement , en publiant un ouvrage intitulé , *Exposition raisonnée d'une nouvelle méthode pour apprendre la langue latine.*

C'est dans cet ouvrage qu'il développe les avantages

13

de la version interlinéaire , et qu'il démontre qu'en y
joignant les explications grammaticales et certains détails pratiques qu'il indique , on obtiendra des succès
plus rapides qu'avec toute autre méthode. Cette marche
nouvelle , qui n'avait pas pour elle l'autorité de l'expérience , contraria les corps savans à qui l'éducation de
la jeunesse était confiée ; elle changeait leurs habitudes ,
pour ne pas dire leur routine , et c'en était assez pour
qu'elle fut blamée , rejetée, sans même avoir été mise à
l'épreuve.

Cette injustice et les violentes attaques du journal de
Trévoux ne rebutèrent point Dumarsais. Il travailla avec
persévérance à un ouvrage qui devait embrasser dans
toute son étendue l'art de la parole. Il publia , en 1730,
le *Traité des tropes*, ouvrage entièrement neuf à l'époque
où il parut , et qu'on regarde encore aujourd'hui comme
un chef-d'œuvre dans son genre.

Malgré l'importance de ses écrits et la solidité de son
instruction , Dumarsais , à la fin de sa carrière , était encore presque ignoré , et , ce qui est plus triste , presque
réduit à l'indigence. Sur la prière de Diderot et de
d'Alembert , il se chargea de la partie grammaticale de
la grande Encyclopédie, et mourut en 1756 , sans avoir
pu achever cette grande et noble tâche. On trouva dans
ses papiers un écrit intitulé , *Logique ou réflexions sur
les principales opérations de l'esprit* qui fut imprimé , en
1769 , avec les divers morceaux de grammaire qu'il avait
faits pour l'Encyclopédie.

Girard et d'Olivet , tous deux de l'Académie Française ,
étaient contemporains de Dumarsais. Le premier fit paraître , en 1718 , un ouvrage intitulé , *La justesse de la
langue française ou les différentes significations des mots
qui passent pour synonymes.* L'autre donna , en 1756 ,
un essai intéressant sur les modifications diverses qui

doivent affecter les mots dans la langue parlée , c'est-à-dire l'accent , la quantité et l'aspiration qui constituent la prosodie.

L'abbé Girard publia encore, en 1747 , un livre intitulé , *Vrais principes de la langue française ,* mais bien inférieur en mérite à celui des synonymes.

La science des étymologies , sans laquelle il est impossible d'analyser les langues, d'en rechercher l'origine et les élémens radicaux , cette science d'où dérivent véritablement les règles de la grammaire générale qui gouverne toutes les langues , et dont les grammaires particulières ne sont que les applications partielles , sortit en quelque sorte du néant en 1765 , après l'apparition de l'ouvrage du président Debrosses sur cette matière. On trouve dans cet ouvrage une vaste érudition , une saine philosophie , un système où tout est lié , et une persévérance de travail digne des plus grands éloges.

Peu de tems après , Court-de-Gébelin débuta , dans la même carrière , par un ouvrage dont le plan seul annonçait un génie hardi , et dont l'exécution décèla un écrivain laborieux et d'une immense érudition. Cet ouvrage parut sous le titre suivant : *Le monde primitif , analysé et comparé avec le monde moderne.*

Il est divisé en deux classes principales : dans l'une , il traite des mots; dans l'autre , il s'occupe des choses. Jamais écrivain n'avait travaillé sur un plan aussi vaste , et n'avait médité une plus colossale entreprise. D'Alembert demandait avec étonnement si quarante hommes de lettres suffiraient pour la terminer ! Court-de-Gébelin s'en chargea seul , et l'exécution était déjà très avancée, lorsque la mort l'enleva à une science qu'il cultivait avec de si brillans succès.

Beauzée donna, en 1767, une grammaire générale et

raisonnée, où l'on retrouve, malgré des divisions trop
multipliées, des analyses peu exactes et des définitions
fausses, de fréquents traits de lumière et une philosophie lumineuse, par cet ouvrage, malgré ses nombreux
défauts, Beauzée a pris rang parmi nos plus célèbres
grammairiens.

Condillac surpassa encore les plus illustres grammairiens ; sa grammaire est l'ouvrage le plus parfait
qui existe en ce genre dans aucune langue. Elle est
divisée en deux parties : dans la première, l'auteur,
partant de la simple sensation, explique en peu de mots,
et pourtant d'une manière extrêmement claire, l'origine
et la génération de nos idées, et des opérations de notre
âme ; il montre par quelles combinaisons se forme la proposition dont l'analyse est le sujet de la grammaire simple et élémentaire. Il passe ensuite à l'analyse du discours,
en commençant par le langage d'action, qui est le résultat nécessaire de notre organisation, et il fait voir comment les hommes ont été conduits à imaginer des signes
artificiels, et à les substituer aux signes naturels. Il
expose ensuite l'art d'analyser nos pensées, et il développe les parties de la proposition considérées comme
élémens grammaticaux du discours.

La seconde partie renferme les applications des principes exposés dans la première.

Depuis cette époque, les grammairiens n'ont fait
qu'analyser les opinions et présenter le résumé des principes des grands maîtres, et la science grammaticale,
sans être négligée, n'a plus fait que des progrès très
médiocres.

Dans le chapitre suivant nous nous attacherons surtout à
exposer l'origine et les progrès de notre langue nationale.

CHAPITRE XV.

ORIGINE ET PROGRÈS DE LA LANGUE FRANÇAISE.

Avant l'invasion des Romains, sous la conduite de Jules-César, tous les Gaulois parlaient la langue celtique.

Pendant les quatre premiers siècles qui suivirent la conquête, les Romains introduisirent successivement, dans les Gaules, leurs coutumes, leurs lois, leur langage. Ils s'établirent dans ces contrées comme dans un pays dont la possession leur était assurée. Ils couvrirent le sol de monumens, s'attachèrent la jeunesse par le goût des sciences et des arts, fondèrent des écoles dans les villes les plus importantes et achevèrent par la civilisation ce que leurs armes avaient si bien commencé.

Insensiblement la Gaule devint romaine et dès le quatrième siècle de la conquête, tous les Gaulois avaient oublié entièrement la langue de leurs pères, et ne faisaient plus usage que de la langue latine. L'instruction se donnait en latin, tous les actes se faisaient en cette langue, et aucune pensée de révolte et de liberté ne venait plus réveiller les vieux Gaulois ni inquiéter leurs vainqueurs.

Vers le commencement du cinquième siècle de l'ère chrétienne, un peuple, venu du fond de la Germanie, fit invasion dans la Gaule-Belgique et menaça d'enlever aux Romains la plus belle partie de leurs conquêtes. Les Francs, c'est le nom de ce peuple entreprenant et brave, en s'emparant de quelques provinces gauloises, ne se conduisirent pas en vainqueurs impitoyables ; ils n'imposèrent aux vaincus ni leurs lois, ni leur langue et, sous ce double rapport, ils devinrent plutôt les tributaires des Gaulois qui virent presque sans regret s'établir leur domination au milieu d'eux.

L'abandon de leur langue nationale, sacrifiée à la langue que parlaient les Gaulois, annonçait de la part des Francs une politique habile, des projets sérieusement médités et de grandes espérances pour l'avenir. Cependant, malgré cet abandon, la langue tudesque se mêla encore à la langue latine déjà dégénérée par l'usage vulgaire, et de ce mélange sortit le roman rustique ou la langue romane vulgaire, adoptée par les Gaulois et les Francs confondus en un seul et même peuple. Dès cette époque, il y eut dans les Gaules deux langues bien distinctes, la langue vulgaire uniformément altérée du latin et la langue latine encore officielle et ecclésiastique. La langue tudesque disparaissait, chaque jour, de plus en plus et n'était parlée qu'à la cour, parce que les princes étaient de race Germanique. Bientôt le latin ne fut plus connu, et même imparfaitement, que des ecclésiastiques, et les langues romane et tudesque furent seules en usage. Quand Charlemagne monta sur le trône, il fit des efforts incroyables pour que le tudesque l'emportât sur le roman; mais ce fut en vain, ce dernier triompha, et le tudesque fut, en quelque sorte, refoulé vers la Germanie où il se perfectionna et dont il est encore aujourd'hui la langue. Le roman rustique prévalut dans la France occidentale : le pays de Vaud, le Vallais, la vallée d'Engadine et quelques autres cantons conservent encore aujourd'hui des vestiges de cet idiôme.

Pendant prés d'un siècle les progrès du roman rustique furent presque insensibles. Le serment de Louis-le-
Germanique , frère de Charles-le-Chauve , lorsque ces
deux princes s'unirent contre Lothaire, est le monument
le plus ancien et le plus authentique de la langue romane , pendant le neuvième siècle. Voici ce serment ,
prêté à Strasbourg , en 842 :

> « *Pro deo amor et pro xristian poblo et nostre commnn*
> *salvament, d'est di en avant, in quant Deus savir et*
> *podir me dunat, si salvarei co c'ist meon fradre Karlo,*
> *et in adjuda et en cadhuna ensa, si cum om per dreit*
> *son fradru salvar dist ; in o quid il mi altresi fazet ; et*
> *ab ludher nul plaid non quam prindrai qui, meon vol,*
> *cist meon fradre Karlo , en damno sit.* »

> « Pour l'amour de Dieu et pour le peuple chrétien ,
> et notre commun salut , de ce jour en avant , en tant
> que Dieu me donnera de savoir et de pouvoir, je sou-
> tiendra mon frère Karl ici présent , par aide et en
> toute chose , comme il est juste que l'on soutienne
> son frère, tant qu'il fera de même pour moi ; et jamais
> avec aucun ne ferai accord , que, de ma volonté, soit
> au détriment de mon frère. »

La poésie du temps n'était pas moins barbare. Voici
l'épitaphe de Bernard , duc de Septimanie , tué par
Charles-le-Chauve en 844 :

> Assi jay lo comte Bernard ,
> Fils el credeire al sang sacrat,
> Que sempre prud'hom es estat.
> Pregu'en la divina bontat ,
> Qu'a que la si que lo tuat
> Posqua soli arm'haber salvat.

> « Ici git le comte Bernard ; il prouva , par le sang de
> Jésus-Christ , qu'il avait toujours été homme de bien

» Prions la divine bonté que celui qui le tua , puisse
» avoir son âme sauve. »

Les progrès furent plus rapides dans le dixième siècle ;
déjà la langue semble un peu s'adoucir et déposer ses
formes rudes et âpres , suite inévitable du mélange de
plusieurs langues bien imparfaites et sans analogie.

Voici une traduction du Symbole attribuée à Saint-
Athanase , au commencement du dixième siècle :

« Kikumbes vult salf estre , devant totes choses be-
» soing est qu'il tienget la commune fei , la quele s
» kaskun entiere e neent mal misme, ne guarderats saus
» dotance pardurablement perirat. Iceste est a certes la
» commune fei que un's dieu eu trinitet e la trinitet en
» unitet aorum's.

» Ne mie confundanz le personnes , ni la substance
» dezeuranz, altre est a décertes la personne del Perre,
» altre del Sainz-Espiriz ; mais del Perre é del fils et del
» Sainz-Espiriz une est divinitet, oele gloire, pardurable
» majestet. »

Dans le onzième siècle , on voit la langue s'éloigner
de plus en plus du latin , prendre ou essayer de prendre
un caractère particulier , et montrer plus de netteté et
de correction.

Pour exemple du langage de ce siècle , vers le commencement du quel parurent les premiers grammairiens,
nous citerons un extrait de la traduction des quatre
livres des Rois :

« Sathanas se eslevald en cuntre Israel , e entichad
» David que il feist anumbrer ces de Israel é ces de Juda.
» E li Reis cumandad à Joab , ki esteit maistre cunesta-
» bles de la chevalerie le Rei , que il en allast par tutes
» les liguées de Israel des Dan jesque Bersabee ; e anum-
» brast le pople , e reportats, e mustrast a Rei lè num-

» bre de tus. Respondi Joab : damne Deu ajusted a sun
» pople tans come ore i ad ; sil multiplit que cent itans
» i ait avant. Quels mestiers est de entremettre de tel
» ovre ; mais il Reis volt que faite fust sa volonté. »

Ce fut dans le onzième siècle que le latin vulgaire perdit toute son influence sur le langage ; il cessa d'être
compris du gentilhomme , du bourgeois et surtout du
campagnard. Alors on commença à écrire en roman et
l'instruction fut donnée en cette langue. Au douzième
siècle , la manie des vers domina tous les esprits , on
rima jusqu'aux vers latins , et souvent même la prose ,
qui n'en différait que parce qu'elle n'était ni rimée , ni
conpée comme eux.

Marbode , évêque de Rennes , avait fait un poème sur
les pierres précieuses. Cet ouvrage , composé en vers
latins , fut presque aussitôt traduit en vers français ; en
voici un passage qui fera connaître l'état et les progrès
de la langue à cette époque :

> Evax fut un mult riche Reis ;
> Mult fut de plusieurs choses sages ;
> Mult apprist de plusieurs langages ;
> Les set arts sut , si en fut maistre ;
> Mult fut poischant et de bon estre.
> Grans trésors ot d'or et d'argent.
> Et fut larges à tuite gens.
> Pur lez grans sen , pur la pruece
> Kil ot , et grand largece
> Fut connuz et mult amez , etc.

Voici les premiers vers du roman de Brut, le premier
modèle des romans de chevalerie , composé vers l'an
1155, où figure l'enchanteur Merlin, un des personnages
les plus populaires du moyen-âge :

> Qui veut oir , qui veut savoir ,
> De roy en roy et d'hoir en hoir ,

Qui cils furent et d'où cils vinrent.
Qui Angleterre primes tinrent. etc.

Pour exemple de la prose du temps nous donnerons un fragment d'un sermon de St.-Bernard :

« Benoit soit Deus et li peres notre Signor Jhesu-
» Christ, li peres de miséricorde et li Deus de tos solais,
» qui nos solacet en totes tribulations. Benoit soit Deus
» ici por sa très grant chariteit, dont il nos amat, nos
» transmist son chier fils par cui nos sammes reconciliet,
» et si avons paix a Deu : ensi kil mismes est li moyene-
» res et li plages de cet reconciliement, etc. »

Il ne faut pas perdre de vue que l'accent et la vivacité de la prononciation latine avaient été conservés dans le roman.

Les progrès furent encore bien plus marqués dans le treizième siècle, comme on en trouvera la preuve dans l'extrait suivant de l'édit de St-Louis, contre les blas-phémateurs :

« Si aucune personne de l'aâge de quatorze ans, ou
» de plus, fait chose ou dit parole en jurant ou autre-
» ment qui tourne à despit de Dieu, ou de Nostre-Dame,
» ou des Sainz, et qui fust si horrible qu'elle fut vilaine
» à recorder, il poira 40 livres ou moins, selon l'estat
» et la condition de la personne, et la manière de la
» vilaine parole ou du vilain fait ; et à ce sera contraint,
» se mestier est ; et s'il était pour que il ne peust poyer
» la poine dessusdite, ne n'euste autre pour li la vous-
» siste poyer, il sera mis en l'eschielle l'erreure d'une
» luye, en lieu de notre justice, et puis sera mis en la
» prison pour six jours ou pour huit jours au pain
» et à l'eau. »

Nous allons aussi donner un passage du roman de la Rose, commencé par Guillaume de Louis, et seulement

terminé au commencement du quatorzième siècle , par
Jean de Meun :

> Le temps qui s'en va nuit et jour
> Sans repos prendre et sans sejour ,
> Et qui de nous se part et emble
> Si secretement qu'il nous semble ,
> Que maintenant soit en un point ,
> Et il ne s'y arrête point ;
> Ains ne fine d'outre-passer
> Sitôt que ne sauriez penser ,
> Quel tems il est présentement :
> Car avant que le pensement
> Fut fini , si bien y pensez ,
> Trois tems seraient déjà passés.

Nous allons encore citer un passage de Joinville qui
écrivit l'histoire de St-Louis :

> « Est en chantant , les mariniers firent voile de par
> Dieu. Et incontinent le vent s'entonne dans la voile ,
> et tantost nous fest perdre la terre de veüe, si que nous
> ne vismes plus que ciel et mer , et chascun jour nous
> esloignasmes du lieu dont nous estions partiz. Et par
> ce veulz-je bien dire, que icelui est bien fol, qui sceut
> avoir une chose de l'autrui , et quelque péché mortel
> en son âme , et se boute en tel dangier. Car si on s'en-
> dort au soir , l'on ne sceit si on se trouvera au matin
> au sous de la mer. »

Les premières années du quatorzième siècle furent
pour la poésie un moment de décadence ; mais sous le
règne de Charles V , ami des lettres , elle reprit faveur
et ses progrès assurèrent de nouveau ceux de la langue
française.

Froissard , à la fois poète et chroniqueur , fut le premier écrivain de ce siècle ; voici un echantillon de ses
vers et de sa prose :

> « Là , toutes les nuits , je lisoie
> Devant lui , et le solaçoie.

> D'un livre de Melyador,
> Le chevalier au soleil d'or ,
> Lequel il ooit volentiers ;
> Et me dist : « C'est un beaus mestiers ,
> Beaus maistres , de faire tels choses. »
> Dedens ce romanc sont encloses
> Tontes les chançons que jadis
> Faisoit le bon duc de Braibant
> Dont l'âme soit en paradys ! »

Voici comment il raconte sa réception à la cour du roi d'Angleterre, Richard II, à qui il présente son roman de Mélyador.

« Si le vis en sa chambre , dit-il , car tout pouveu je l'avoie, et luy mis sur son lict ; et l'ors l'ouvrit et regarda dedans , et luy plut très grandement ; et plaire bien lui devoit ; car il estait enluminé , escrit et historié , et couvert de vermeil veloux à dix cloux d'argent dorez d'or , et rose d'or au milieu , à deux gros fermaux dorez , et richement ouvrez , au milieu rosiers d'or. Adonc demanda le roi de quoy il traitait , et je luy d'y : d'amour. De ceste réponce fut tout resjouy ; et regarda dedans le livre en plusieurs lieux, et y lisit , car moult bien parloit et lisoit français. » etc.

Au quinzième siècle , principalement sur la fin du règne de Charles VII , les lettres furent cultivées avec succès et ce fut surtout l'époque des romans de chevalerie. Il faut citer parmi ceux qui rendirent le plus de services à la langue , le commentateur Alain-Chartier et Philippe de Commines ; le premier fut un peu pédantesque , mais l'autre se distingua surtout par sa naïve simplicité.

Charles d'Orléans se fit remarquer parmi les poètes du quinzième siècle , par son imagination et sa naïveté. Voici une de ses pièces où il chante le beau temps et les doux loisirs :

> Les fourriers d'été sont venus
> Pour appareiller son logis ;
> Ils ont fait tendre ses tapis
> De fleurs et de perles tissus.
>
> Cœur , d'ennuy pieça morfondus
> Dieu mercy , sont sains et jolis ,
> Allez vous-en , prenez pays
> Hiver , vous ue de mourez plus.
>   Les fourriers d'été sont venus , etc.
>
> Le tems a laissié son manteau
> De vent , de froidure et de pluye ;
> Et s'est vettu de broderye ,
> De soleil riant , clair et beau.
>
> Il n'y a beste , ni oyseau
> Qui en son jargon, ne chante et crye ;
> Le tems a laissié son manteau
> De vent , de froidure et de pluye.
>
> Rivière, fontaine et ruisseau
> Portent en livrée jolie
> Gouttes d'argent d'orfèvrerie :
> Chacun s'habille de nouveau.
>   Le tems a laissié son manteau , etc.

Villon , né dans la pauvreté et voulant corriger la fortune, s'était d'abord fait voleur : il fut arrêté et condamné à être pendu. Après avoir entendu la lecture de sa sentence, il fit la ballade suivante, dans la quelle il se figure déjà attaché au gibet :

> La pluie nous a buez et lavez ,
> Et le soleil desséchés et noircis.
> Pies , corbeaux nous ont les yeux cavez ,
> Et arrachez la barbe et les sourcils.
> Jamais nul tems nous ne sommes racis :
> Puis-ça , puis-là , comme le vent varie ,
> A son plaisir sans cesse nous charie ,

> Plus becquetez d'oiseaux que dez à coudre.
> Hommes , ici n'usez de moquerie ;
> Mais priez Dieu que nous veuille absoudre.

Ce poète fut celui qui mit le mieux à profit tout ce que la langue et la poésie avaient alors de richesses. En général ses vers ont un caractère qui plaît et respire une douce mélancolie. Boileau lui a rendu hommage dans ces deux vers :

> Villon sut le premier , dans ces siècles grossiers,
> Débrouiller l'art confus de nos vieux romanciers.

Voici un passage de Villon qui ne serait pas indigne d'Anacréon et d'Horace :

> Dictes moi , où , ne en quel pays ,
> Est Flora , la belle romaine ,
> Archipiada , ne Thaïs ,
> Qui fut sa cousine germaine ?
> . . . .
> Mais ou sont les neiges d'Antan ?
> La Royne blanche comme ung lys ,
> Qui chantoit à voix de sireine ,
> Berthe au grand pied, Bietreis, Allys,
> Harembouges qui tient le Mayne ,
> Et Jehanne la bonne Lorraine ,
> Que Anglais bruslèrent à Rouen.
> Où tout ils , Vierge souveraine ?
> Mais où sont les neiges d'Antan?

Est-il rien de plus mélancolique et de plus aimable que cette évocation des beautés célèbres , ces paroles gracieuses et cette chûte uniforme qui les renvoie toutes au néant , et les fait disparaître comme la neige de l'an passé ?

Ce fut ce siècle qui vit naître l'imprimerie. Elle reproduisit promptement la plupart des romans de chevalerie , dont on retrouvait partout le caractère , même dans les ouvrages des chroniqueurs les plus judicieux et des historiens les plus sévères. C'est toujours un style galant et fleuri , un mélange d'idées chevaleresques et champêtres , comme dans le passage suivant :

« Quand l'hyver fut passé , et le renouvel du dous
» printemps fut revenu , en la saison que toute chose
» meine joye, et que bois et prez se revestent de fleurs ,
» et la terre verdoye , quand oisellons par les boscages
» menent grand bruit, lorsque rossignols demeinent glay,
» au tems que amour faict aux gentils cœurs aimans plus
» sentir sa force , adonc au gay mois d'avril , estoit le
» bel, gracieux et gentil chevalier messire Boncicaut à
» la cour du Roy , etc. »

Voici un passage de Philippe de Commines, qui, sous plus d'un rapport , excitera un vif intérêt :

« Il a t-il Royne ni Seigneur sur terre qui ait pouvoir,
» outre son domaine , de mettre un denier sur ses sub-
» jets sans onctroy et consentement de ceux qui le doivent
» payer , sinon par tyrannie ou violence ? On pourrait
» respondre qu'il y a des saisons qu'il ne faut pas atten-
» dre l'assemblée , et que la chose serait trop longue à
» commencer la guerre et à l'entreprendre : je responds
» à cela qu'il ne faut point tant haster , et l'on a assez
» tems. Et si vous dis que les roys et princes en sont
» trop plus forts , quand ils entreprennent quelque
» affaire du consentement de leurs subjects , et en sont
» plus craints de leurs ennemis. »

Nous voilà arrivés au seixième siècle , au règne de François Ier , qui fit aux savans un accueil si distingué. C'est à cette époque que la langue éprouva les plus heureux changemens dans ses expressions et dans ses tours. On revint au latin et au grec , et ces langues enseignées avec goût dans toutes les écoles publiques , enrichirent la langue française d'une foule de mots simples et composés , dont on avait besoin pour exprimer les idées nouvelles , surtout dans les sciences et les arts. Dans ce temps , l'italien s'était déjà perfectionné et il fut aussi d'une grande utilité à la langue française, qui cependant n'acquit pas encore , à cette époque , une consistance régulière. En 1529 , François Ier proscrivit l'usage du latin dans les actes publics , et il rendit, en cela, un immense service à la langue nationale , tout en fermant la source à des abus et à des fraudes sans nombres , au détriment des simples citoyens qui ne comprenaient pas la langue latine. Tous les hommes publics furent obligés d'étudier sérieusement le français qui , dès lors, fit des progrès rapides , quoique sa syntaxe fut encore soumise au caprice des écrivains : sans lui donner de l'élévation et de l'harmonie , Montaigne lui imprima de la vigueur, et Marot se distingua par la gaîeté , le naturel et la simplicité de son style. Nous ne parlons pas de Ronsard qui exerça, quelque temps, une funeste influence, et qui avait, en quelque sorte, gâté la langue en transportant dans la poésie les composés grecs dont se servaient les philosophes et les médecins.

On trouve le passage qui suit dans le 3e chapitre du 1er livre de Montaigne :

« Attilius Régulus , général de l'armée romaine en
» Afrique, au milieu de sa gloire et de ses victoires con-
» tre les Carthaginois, escrivit à la chose publique qu'un
» valet de labourage , qu'il avait laissé seul au gouver-
» nement de son bien, qui estait en tout sept arpents de
» terre, s'en estait enfuy, ayant dérobé ses utils à labou-
» rer; et demandoit congé pour s'en retourner et y pour-
» veoir, de peur que sa femme et ses enfants n'en eussent
» à souffrir. Le sénat pourveut à commettre un autre
» à la conduite de ses biens , et lui feit restablir ce qui

» luy en avoit esté desrobé , et ordonna que sa femme
» et ses enfants seroient nourris aux despens du publi-
» que. Le vieux Caton , revenant d'Espaigne consul ,
» vendit son cheval de service pour espargner l'argent
» qu'il eust cousté à le ramener par mer en Italie ; et ,
» estant au gouvernement de Sardaigne , faisoit ses vi-
» sitations à pied, n'ayant avecques lui aultre suitte qu'un
» officier de la chose publique qui lui portoit sa robe et
» un vase à faire des sacrifices ; et le plus souvent il por-
» toit sa male luy mesme. Il se vantoit de n'avoir jamais
» eu robe qui eust cousté plus de dix escus , n'y avoir
» envoyé au marché plus de dix escus pour un jour ; et
» de ses maisons aux champs qu'il n'en avoit aucusne
» qui fust crépie et enduiste par dehors. Scipion Æmi-
» lianus , après deux triomphes et deux consulats , alla
» en légation avec sept serviteurs seulement : on tient
» qu'Homère n'en eut jamais qu'un; Platon, trois ; Zénon,
» le chef de la secte stoïque , pas un. Il ne feust taxé
» que cinq sols et demy par iour à Tiberius Gracchus ,
» allant en commission pour la chose publique , estant
» lors le premier homme des Romains. »

Nous lisons dans le premier livre de l'histoire de
France du Haillan :

« Durant les règnes de la première race de noz Roys
» issuz de Merouée , par l'espace de trois cents ans , les
» vns des quels y plantèrent la religion chrestienne et
» la deffendirent vivement , et les autres faisans d'eux
» mêmes , ou par les Maires du Palais , les guerres contre
» leurs voisins , estendirent bien auant les limites de
» leur royaume. Les autres s'estât laissez couler à la non-
» chalance , l'oisiueté et aux voluptez , ont faict perdre
» à leurs successeurs , le sceptre et la couronne de cet
» Estat. Peu de choses signalées et peu de lois ont esté

14

» faietes durant cest aâge sur le faiet du reglement et
» établissemens de l'Estat. Car lors les Roys ou leurs
» ministres ne s'amusoient à la iustice , ains à estendre
» plus avant les bornes de leurs royaumes , et l'establir
» sans loy, sans piété, sans charité , sans justice et sans
» renerencé du droit divin ni humain : qui sont neât-
» moins les bases sur les quelles sont posez les établis-
» semens des estats : mais un estat confuz dure peu , et
» ceux qui sont bastis sur bons fondemens , sont de
» longue durée. »

Nous allons maintenant donner un échantillon de la poésie du siècle :

Je pense bien que ta magnificence ,
Souverain roi , croira que mon absence
Vient pas sentir la coulpe qui me point
D'aucun mesfait; mais ce n'est pas le poinct.
Je ne me sens du nombre des coupables ;
Mais je sais tant de juges corrumpables
Dedans Paris , que par pécune prin se ,
Ou par amis , ou par leur entreprinse ,
Ou en faveur et charité piteuse
De quelque belle humble soliciteuse ,
Ils sauveront la vie orde et immunde
Du plus meschant et criminel du monde :
Et au rebours , par faute de pécune ,
Ou de support , ou par quelque rancnue ,
Aux innocens , ils sont tout inhumains ,
Que content suis ne tomber en leurs mains,
Non pas que tous je les mette en un compte,
Mais la grand'part la meilleure surmonte.

Marot est l'auteur de ces vers.

Le poëte qui , dans ce siècle , s'éleva le plus haut et donna de la puissance de la langue la plus juste idée , fut Malherbe. Le morceau suivant prouvera les progrès et l'état satisfaisant de la langue dans les dernières années du seizième siècle et au commencement du dix-septième:

N'espérons plus , mon âme , aux promesses du monde ,

Sa lumière est un verre et sa faveur une onde,
Que toujours quelque vent empêche de calmer :
Quittons ces vanités, lassons nous de les suivre,
  C'est Dieu qui nous fait vivre,
  C'est Dieu qu'il faut aimer.

En vain pour satisfaire à nos lâches envies,
Nous passons près des Rois, tout le temps de nos vies,
A souffrir des mépris, à ployer les genoux ;
Ce qu'ils peuvent n'est rien, ils sont ce que nous sommes,
  Véritablement hommes
  Et meurent comme nous.

Ont-ils rendu l'esprit ; ce n'est plus que poussière
Que cette majesté si pompeuse et si fière
Dont l'état orgueilleux étonnait l'univers ;
Et dans ces grands tombeaux où leurs âmes hautaines
  Font encore les vaines,
  Ils sont rongés des vers.

Là se perdent les noms de maîtres de la terre,
D'arbitres de la paix, de foudres de la guerre :
Comme ils n'ont plus de sceptre, ils n'ont plus de flatteurs,
Et tombent avec eux d'une chute commune
  Tous ceux que leur fortune
  Faisait leurs serviteurs.

Ce passage suffira pour donner une idée de ce que fit pour la poésie et la langue cet écrivain distingué dont l'éloge se trouve dans ces huit vers de Boileau :

  Enfin Malherbe vint et le premier en France
  Fit sentir dans ses vers une juste cadence ;
  D'un mot mis en sa place enseigna le pouvoir.
  Et réduisit la muse aux règles du devoir
  Par ce sage écrivain la langue révérée,
  N'offrit plus rien de rude à l'oreille épurée,
  Les stances avec grâce apprirent à tomber
  Et le vers sur le vers n'ose plus enjamber.

C'est dans le dix-septième siècle en 1635, que l'Académie Française fut fondée, et c'est à ce corps savant

que la langue doit la perfection à laquelle elle est arrivée.
A cette époque, la langue devint plus noble, plus harmonieuse, plus riche, plus pure, et tous ces brillans
progrès se rattachent au génie de Corneille, de Descartes,
de Pascal, de Racine, de Despréaux, etc. Ce fut surtout
vers le milieu du dix-septième siècle, lorsque Pascal fit
paraître ses fameuses provinciales que la langue française
parvint à son plus haut point d'élégance et de pureté.
Dans le dix-huitième siècle elle n'a gagné qu'en richesse.

La clarté et la pureté forment particulièrement le génie
de la langue française. Elle exige aussi beaucoup d'ordre
dans l'expression des pensées, une certaine *réserve* dans
l'emploi du style figuré, et surtout l'expulsion de tous les
termes indécens et obscènes. Boileau a dit :

> Le latin, dans les mots, brave l'honnêteté,
> Mais le lecteur français veut être respecté.

En général, on pense quelle est peu propre à l'épopée,
parce qu'elle n'a point une noble hardiesse d'images, ni
de pompeuses cadences ; parce que l'enthousiasme
poétique ne s'accommode ni de ses verbes auxiliaires,
ni de ses articles, ni de son ordre méthodique et froid
qui exclut toute inversion ; mais personne ne lui refuse
de la douceur, de l'élégance, de la délicatesse et de la
naïveté. Privée de mots composés, elle manque souvent
d'énergie, et elle n'est pas très favorable à l'harmonie
imitative, mais elle n'est pas moins une des plus belles
langues, et celle qui sans contredit exerce le plus d'influence sur l'Europe. Où trouver d'ailleurs des écrivains
plus dignes d'admiration que ceux qui, depuis deux
siècles, ont illustré notre littérature? Quel peuple a produit des génies, je ne dirai pas supérieurs, mais égaux à
ceux dont notre France s'honore. Rencontre-t-on ailleurs la naïveté de La Fontaine, l'harmonie de Fléchier,

la vigueur de Bossuet , le sublime de Corneille? Trouve-
t-on , chez nos rivaux un Boileau , un Racine , un Voltaire , un Fénélon , un Rousseau ? Reconnaissons donc
que notre patrie n'est pas moins illustre par le génie de
ses savans que par l'éclat de ses armes , et soyons fiers
d'être français !

FIN.

TABLE

DES CHAPITRES

CONTENUS DANS CE VOLUME.

www.ingramcontent.com/pod-product-compliance
Lightning Source LLC
Chambersburg PA
CBHW071956090426
42740CB00011B/1968